ANNETTE KLINGELHÖFER

Die Schokoladen Manufaktur

SINNLICHE REZEPTE UND PROFITIPPS

blv

Inhalt

Nichts ist wertvoller als ein guter Freund – außer ein guter Freund mit Schokolade.

CHARLES DICKENS

Vorwort

Schokolade macht wirklich glücklich, und sie begleitet uns in so vielen Momenten des Lebens! Ich kann mich umso glücklicher schätzen, dass ich Schokolade schon mein ganzes Leben um mich habe. Aufgewachsen in einer handwerklichen Konditorei, durfte ich von klein auf in unserer duftenden Backstube stehen und liebe es seither, unterschiedlichste Aromen aufzunehmen und daraus süße Leckereien zu kreieren. Umso mehr freue ich mich, dass ich viele meiner daraus entstandenen Lieblingsrezepte nun in einem Buch zusammenfassen kann!

Hauptsache Schokolade!

Selbstverständlich spielt Schokolade hierbei immer die Hauptrolle – dabei kombiniere ich unterschiedlichste Aromen und Zutaten, um ein harmonisches Produkt zu gestalten und dessen Verkostung zu einem Erlebnis zu machen!
Mit all den folgenden Rezepten im Buch möchte ich die Vielfalt von Schokolade aufzeigen, welche Sorten es überhaupt gibt und in welch besonderen Rezepten man diese anwenden kann. Ob Praline, Törtchen oder Gebäck, Eis oder Weihnachtliches – die Naschereien aus meiner Schokoladenmanufaktur sollen am Ende nicht nur Sie selbst glücklich machen – sondern auch den Menschen um Sie herum eine Freude bereiten! Denn gibt es was Schöneres, als einen guten Freund mit Schokolade?
Deshalb: Ran an die Schokolade und viel Spaß beim Zubereiten und Genießen der Rezepte!

Ihre Schokoladen-Sommelière
Annette Klingelhöfer

Kakao

URSPRUNG UND HERKUNFT

Kakao wird bereits seit über 3000 Jahren genutzt, allerdings wurde er bis zur Mitte des 19. Jahrhunderts nur in Form eines Getränks verzehrt. Mit der ersten Tafelschokolade im Jahr 1847 begann eine rasante Erfolgs- und Genussgeschichte.

Ursprünge

Seine Ursprünge hat der Kakao in Mittelamerika. Die Maya und Azteken waren die ersten, die *Theobroma cacao* anbauten und die Früchte nutzen. Die Kakaobohnen waren ein wichtiges Zahlungsmittel ihrer Zeit, außerdem wurde aus ihnen ein bedeutendes Getränk zubereitet, der »Xocolatl«. Für diesen »Göttertrunk« wurden die Kakaobohnen gemahlen, mit Wasser gekocht und mit exotischen Gewürzen wie Chili und Cayennepfeffer verfeinert.

Mit der Entdeckung Amerikas und der Eroberung des Aztekenreiches durch *Hernán Cortés* kamen die Spanier in Kontakt mit Kakao und erkannten schnell die besondere Bedeutung dieser Pflanze. Mitte des 16. Jahrhunderts wurden die ersten Kakaobohnen nach Europa gebracht, und schnell etablierte sich das Getränk in der adligen Gesellschaft. Mit Zucker verfeinert erlangte es bald Ruhm über die Grenzen des spanischen Hofes hinaus und wurde wenig später in Kakaostuben in Italien, Frankreich, England und Deutschland zum Verzehr gereicht.

Mit Beginn der Industrialisierung entstanden die ersten Fabriken für Schokolade, und diese wurde einer breiten Bevölkerung zugänglich. Im Jahr 1847 entwickelte der englische Schokoladenhersteller *Fry & Sons* das erste Verfahren zur Herstellung von Tafelschokoladen, indem er die bisher bekannte reine, brüchige Schokoladenmasse mit Kakaobutter verfeinerte.

Wenig später führte die Erfindung des Milchpulvers dazu, dass die erste Milchschokolade hergestellt werden konnte. 1879 revolutionierte der Schweizer *Rodolphe Lindt* die Schokoladenherstellung: Er erfand die sogenannte »Conche«, mit der Schokolade nicht nur entfeuchtet werden konnte, sondern durch lange Bewegung und Reibung auch ihren feinen Schmelz erhielt (→ S. 12 f.).

Kakao wurde zu dieser Zeit längst nicht mehr nur in Südamerika angebaut. Die ursprünglichen Kakaobäume aus den tropischen Regionen Venezuelas und Honduras' waren von den Kolonialherren in ihre afrikanischen Kolonien exportiert worden und sorgten mit ihrer Ernte dafür, dass der Schokoladenkonsum in Europa in den 1920er-Jahren zu einem Höhepunkt kommen konnte.

Mitte des 20. Jahrhunderts wurde Schokolade dann endgültig zu dem Massenprodukt, das es bis heute geblieben ist. Anfang des 21. Jahrhunderts begannen viele kleine Schokoladenhersteller, den Markt zu beleben. Das Bewusstsein für hochwertigen Kakao, faire Arbeitsbedingungen und einen nachhaltigen Anbau beginnt zu wachsen.

Anbau und Sorten

Heute wächst Kakao entlang des Äquators, denn dort findet er optimale klimatische Bedingungen vor. Der Kakaobaum gedeiht bei tropischen Temperaturen und im schützenden Schatten hoher Gewächse wie Bananenbäumen oder Palmen. Ab seinem 5. Lebensjahr beginnt der Kakaobaum Früchte zu tragen, dabei blüht er das ganze Jahr über. Jeder Baum trägt etwa 30 Früchte, die in bunten Farben direkt an seinem Stamm hängen.

Grundsätzlich kann man den Kakao in 3 Hauptsorten unterteilen:
1. Criollo: Diese älteste bekannte Kakaosorte wird auch als Edelkakao bezeichnet. Seine Ursprünge liegen in Mittel- und Südamerika. Die Kakaobohnen haben ein intensiv-fruchtiges, leicht bitteres und vielfältiges Aroma.

2. Forastero: Er hat seinen Ursprung im Amazonasgebiet. Er ist die deutlich robustere und ergiebigere Kakaosorte und wird heute vor allem in Afrika angebaut. Ihre Aromen sind bitterer und weniger vielschichtig als die der Criollobohne.
3. Trinitario: Diese Sorte ist eine Kreuzung von Criollo und Forastero, die Robustheit und Aromenvielfalt miteinander verbinden soll. Sie wird in Südamerika und Afrika angebaut.

Aus diesen 3 Hauptsorten sind zahlreiche Variationen entstanden, die in den unterschiedlichsten Regionen der Welt wachsen.

Zu den größten Kakaoanbaugebieten gehören in Afrika die Elfenbeinküste und Ghana, in Südamerika Brasilien und Ecuador und in Asien Indonesien. Für den Anbau von Edelkakao sind vor allem Länder wie Peru, Mexiko, Venezuela und Madagaskar bekannt.

Schokolade

VON DER BOHNE ZUM GENUSS

Die frischen Kakaobohnen schmecken noch ganz anders als die zart schmelzende Schokolade, die wir so lieben. Das Aroma entsteht bei der Aufbereitung. Bereits im Ursprungsland finden die ersten wichtigen Schritte der Schokoladenveredelung statt.

Fermentation

Die reifen Früchte werden geerntet und mit einer Machete zerteilt. Die enthaltenen Kakaobohnen – 30 bis 60 bittere Samen pro Frucht – gelangen samt Pulpa, dem sie umgebenden süßen Fruchtfleisch, in große Holzbottiche, in denen sie nun vier bis sieben Tage fermentiert werden. Während der Fermentation, bei der auch Alkohol entsteht, müssen die Bohnen immer wieder gewendet werden, damit sie nicht aneinanderkleben, die Mikroorganismen stets mit ausreichend Sauerstoff versorgt werden und der Gärprozess nicht unterbrochen wird. Während der Fermentation verfärben sich die Bohnen von lila zu braun, Frucht- und Säurenoten werden gebildet und Bitterstoffe abgebaut.

Trocknung

Nach der Fermentation werden die Bohnen ungewaschen getrocknet. In sonnenverwöhnten Länder erfolgt dies unter freiem Himmel: Die Bohnen werden großflächig ausgebreitet und bis zu sechs Tage in der Sonne getrocknet. Häufiges Wenden ist hierbei notwendig, um eine gleichmäßige Trocknung zu erzielen. In Ländern mit hoher Luftfeuchtigkeit erfolgt die Trocknung zudem in großen Kesseln über dem Feuer.

Sind die Bohnen getrocknet, können sie in große Jutesäcke von 50 bis 60 Kilogramm verpackt werden. Über meist sehr unwegsame Landstraßen gelangen die Kakaobohnen nun zum Hafen.

Rösten

In der Schokoladenmanufaktur werden die Bohnen zuerst auf ihre Qualität geprüft und von Fremdkörpern wie Steinen oder Rinde befreit. Im nächsten Schritt werden die Bohnen geröstet. Dabei bedarf jede Kakaosorte einer individuellen Rösttemperatur, einige vertragen höhere Temperaturen besser als andere. Die Wahl der Temperatur und die Dauer des Röstens bestimmen den Charakter der späteren Schokolade. Zu schnelles Rösten bei zu hohen Temperaturen führt zu einem erheblichen Verlust an Aromen.

Brechen und Schälen

Nachdem die Bohnen geröstet und abgekühlt sind, werden sie gebrochen und dann geschält. Die Schale findet bei der weiteren Herstellung keinerlei Verwendung. Es gibt mittlerweile jedoch innovative Ideen, daraus Verpackungen für Schokolade herzustellen. Die gebrochenen Kakaobohnen werden als »Kakaonibs« bezeichnet, ein Produkt, das ich in diesem Buch gerne in Rezepten verwende!

Mahlen

Diese Kakaonibs werden nun in Mühlen gegeben und dort stetig zu einer dunkelbraunen, intensiv duftenden Kakaomasse zermahlen.

Mischen und Walzen

Nach dem Mahlen folgt das Mischen, hierbei wird die Kakaomasse mit anderen Zutaten wie Zucker, Milchpulver, Kakaobutter, die bei der Herstellung von Kakaopulver entsteht, und Vanille vermengt. Menge und Art der Zutaten beeinflussen erneut den späteren Geschmack der Schokolade. Die fertige Mischung wird in einem weiteren Schritt gewalzt, dabei sorgen fünf Walzen dafür, dass eine ganz feine Masse entsteht.

Conchieren

Diese Masse wird nun in eine »Conche« gegeben, einen Kessel, in dem sich ein kräftiges Rührwerk befindet. In der Conche wird der Schokoladenteig nun lange und intensiv geknetet, je nach Sorte kann dies bis zu 72 Stunden dauern. Während des Conchierens verflüchtigen sich ungewünschte Säuren, die Kakaobutter schmilzt und die gesamte Masse wird so mit der Zeit flüssig. An Ende entsteht eine cremige Schokolade, die nun auch ihren feinen Schmelz hat. Diese Schokolade wird anschließend entsprechend ihrer Sorte temperiert (→ S. 16) und dann in Tafeln oder kleine Schokoladentröpfchen portioniert, um so vernascht oder weiterverarbeitet werden zu können!

Genuss pur

SCHOKOLADENVIELFALT UND AROMEN

Grundsätzlich unterscheidet man drei Arten von Schokolade: weiße, Milch- und Zartbitterschokolade. Auf eine neue, vierte Sorte von Schokolade komme ich im Kapitel Pralinen zu sprechen.

Sorten

Weiße Schokolade besteht aus Kakaobutter, Milchpulver und Zucker. Sie hat je nach Conchierzeit und Herstellungsart sehr milchig-rahmige Aromen, Noten von Vanille, Honig oder Karamell. Weiße Schokolade enthält keinerlei Kakaomasse und hat daher auch keine dunkle Färbung.

Milchschokolade besteht aus Kakaomasse, Milchpulver und Zucker und weist vielfältige Geschmacksnoten von Vanille, Rahm und Kakao auf. Je höher der Kakaoanteil in einer Milchschokolade ist, desto stärker kommen Fruchtaromen und Säurenoten zur Geltung. Ist er geringer, stehen süße Aromen wie Honig, Karamell und Milch im Vordergrund.

Zartbitterschokolade besteht aus Kakaomasse, Kakaobutter und Zucker. Auch hier gilt: je höher der Kakaoanteil ist, desto intensiver werden die Kakaonoten der Schokolade und desto bitterer kann sie schmecken. In einer Zartbitterschokolade finden sich besonders vielfältige Aromen! Sie reichen von fruchtigen Noten wie von Bananen, Trockenfrüchten, Beeren oder Zitrusfrüchten über nussige Komponenten bis hin zu würzigen Noten von Zimt, Vanille, Nelke und anderen Gewürzen.

Dunkle Schokolade kann Aromen von Kaffee, Tabak, Rauch und auch Holz haben. Besonders die vegetabilen, aber auch die blumigen Noten kommen vor allem am Ende einer Verkostung zur Geltung. Der Röstgrad und die Röstdauer der Kakaobohnen entscheiden über die Intensität der einzelnen Röstaromen in der Schokolade.

Ursprungsschokoladen möchte ich neben den unzähligen Sorten und Varianten von Schokolade besonders hervorheben. Als Ursprungsschokoladen werden solche Schokoladen bezeichnet, die sortenrein aus den Kakaobohnen einer bestimmten Anbauregion herstellt werden. Meist werden hierfür Criollobohnen verwendet. Besonders bekannt für sortenreinen Kakao sind Anbaugebiete in Madagaskar, Mittel- und Südamerika, aber auch in einigen asiatischen Ländern.

Châteauschokoladen sind noch mal eine Steigerung zu Ursprungsschokoladen. Wie man dies vielleicht schon vom Wein kennt, werden diese Schokoladen aus Kakaobohnen hergestellt, die einer definierten Lage in einer Anbauregion zugeordnet werden. Die Aromen dieser Herkunftsschokoladen werden durch Kakaosorte, Gebiet, klimatische Bedingungen und Bodenbeschaffenheit maßgeblich beeinflusst.

Aromen

Die Aromen von Schokolade sind vielfältig und haben unterschiedliche Ursprünge. Grundsätzlich bestimmen Sorte, Gebiet, Klima und Boden den Geschmack der unbehandelten Kakaofrucht.

Die Kakaobohnen der frischen Frucht schmecken bitter, nur die sie umgebende Pulpa hat ein fruchtiges Aroma, das nach Banane, Litschi oder Zitrusfrüchten schmecken kann. Während der Verarbeitung erfolgen dann wichtige Geschmacksveredelungen:

Fermentation: Dieser entscheidende Schritt zur Entwicklung der Aromen findet noch im Anbauland der Kakaofrüchte statt. Grundlage hierfür bildet die zuckerhaltige Pulpa, die voller Fruchtaromen steckt. Während der Fermentation finden unterschiedlichste Gärprozesse statt, welche die

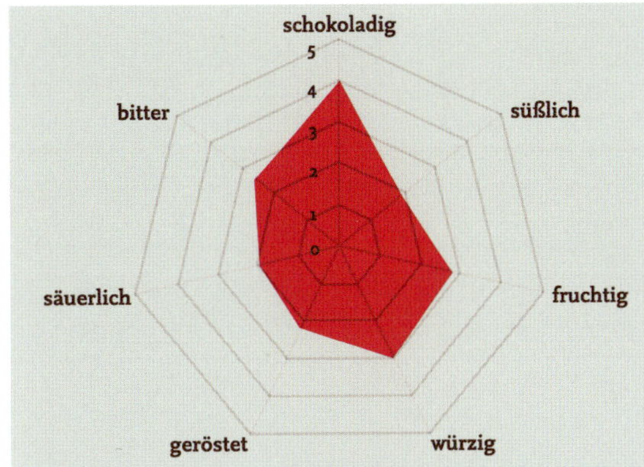

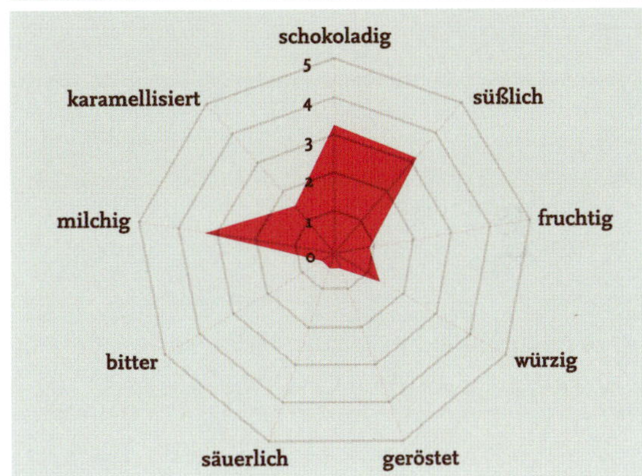

OBEN Die Aromen von Zartbitterschokolade mit 69 Prozent Kakaoanteil.
UNTEN Vollmilchschokolade mit 41 Prozent Kakaoanteil.

Bitterkeit der Bohnen deutlich reduzieren und gleichzeitig zur Säurebildung beitragen: die *fruchtigen Aromen* von Schokolade entstehen.

Rösten: Ein weiterer geschmacksbestimmender Schritt ist das Rösten der Kakaobohnen. Hierbei entstehen neben den gewünschten *Röstnoten* auch *würzige und nussige Aromakomponenten.*

Conchieren: Durch Reibung und Wärme verflüchtigen sich unerwünschte Aromen, gleichzeitig entscheidet die Dauer des Conchierens über *rahmige* und *karamellige Noten* der Schokoladen.

Schokolade oder Kuvertüre?

Schokolade wird unter Experten oft auch als »Kuvertüre« bezeichnet. Der Unterschied besteht darin, dass Kuvertüre mehr Kakaobutter enthält und daher beim Schmelzen dünnflüssiger wird. In meinen Rezepten spreche ich immer allgemein von »Schokolade«, gerade bei der Herstellung von Pralinen empfiehlt es sich jedoch, Kuvertüre zu verwenden. Die kann man mittlerweile schon abgepackt in kleinen Tropfen kaufen.

Aromenrad

Die Zusammensetzung der Aromen jeder einzelnen Schokolade wird in einem sogenannten Aromenrad abgebildet (→ S. 13). Die Grundgeschmacksarten *süß, sauer* und *bitter* finden sich in jeder Schokolade wieder. *Süße Noten* erinnern an Honig, Karamell oder Vanille, *säuerliche Noten* entstehen häufig bei sehr stark fermentierten Kakaobohnen und *bittere Noten* sind bei Schokoladen mit einem hohen Kakaogehalt besonders ausgeprägt. Schokolade enthält zudem eine Vielzahl an Aromen: *geröstet, nussig, würzig, milchig-rahmig, fruchtig, blumig, rauchig, vegetabil.* Mithilfe des Aromarads können die einzelnen Noten in ihrer Intensität erfasst und abgebildet werden und bieten dem Verkoster eine Orientierungshilfe.

Aufbewahrung

Beim Aufbewahren von Schokolade sollte man darauf achten, dass diese vor Luft und Licht geschützt wird, da sie sonst schnell oxidiert. Die ideale Lagertemperatur liegt zwischen 12 und 20 °C und sollte möglichst konstant sein. Eine Speisekammer, nicht aber der Kühlschrank ist daher ein geeigneter Lagerplatz. Auch sollte Schokolade nicht in der Nähe stark riechender Produkte wie Fisch und Käse aufbewahrt werden, sie nimmt diese Gerüche sonst an. Am besten – und das ist bei guter Schokolade gar nicht schwer – zeitnah verzehren, dann braucht man sich über das Lagern gar keine Gedanken machen.

Schokolade degustieren

Ich vermute mal, der ein oder andere kennt ihn – den Heißhunger auf Schokolade! Und dann kann es schon mal passieren, dass man ein paar Stückchen Schokolade (oder gleich die ganze Tafel) mit einem Mal vernascht, ohne so richtig darauf zu achten, wie und nach was diese nun eigentlich schmeckt.

Kann passieren, aber um die vielfältigen Aromen von Schokolade herauszuschmecken, sollte man sich zum Verkosten etwas Zeit lassen. Ich empfehle, Schokolade einmal ganz in Ruhe nach den folgenden Kriterien zu Degustieren. Das ist nicht nur etwas für Sommeliers, sondern kann von jedem erlebt werden, der sich hierfür etwas Zeit und Muße gönnt:

1. Betrachten und Prüfen

Zu Beginn sollte man die Tafelschokolade einfach einmal genau betrachten: Glänzt sie schön, wurde die Schokolade sachgemäß temperiert (→ S. 16) und wird auch einen schönen Knack haben. Farbe und Intensität verraten außerdem einiges über den Kakaogehalt der Schokolade, je dunkler, desto höher ist dieser!

2. Fühlen

Die Schokolade nun zwischen den Fingern vorsichtig reiben, so kann man ihre Beschaffenheit testen. Fühlt sie sich weich an, wird sie auch fein auf der Zunge zergehen.

3. Hören

Beim Aufbrechen der Schokolade leise sein, denn nur dann hört man ihren wohlklingenden *Knack*, ein scharfes, kantiges Bruchgeräusch. Dieser ist Qualitätsmerkmal für richtige Verarbeitung und gute Lagerung der Schokolade.

4. Riechen

Durch das Aufbrechen der Schokolade entfalten sich an den Kanten nun ihre Aromen. Augen schließen und tief einatmen, um den Duft der Schokolade genießen zu können! Hierbei kommen Frucht- und Röstaromen, aber auch die Intensität des Kakaogehaltes zur Geltung.

5. Schmecken

Zu guter Letzt darf endlich ein Stück Schokolade abgebissen werden. Dieses in den Mund nehmen und nicht zerkauen, sondern auf der Zunge zergehen lassen. Gute Schokolade enthält viel Kakaobutter (mindestens 33 %), diese schmilzt jedoch erst bei 36 °C vollständig. Die Schokolade muss im Mund daher erst auf Körpertemperatur gebracht werden, ehe sich alle Aromen entfalten können; dies kann bis zu 45 Sekunden dauern. Zu den Aromen → S. 13 f.

Schmilzt die Schokolade in dieser Zeit besonders cremig auf der Zunge, ist dies ein Zeichen dafür, dass sie lange conchiert wurde.

Süße Praxis

TECHNIKEN UND GRUNDREZEPTE

Der erste und wichtigste Schritt beim Arbeiten mit Schokolade ist das Temperieren. Außerdem finden Sie in diesem Abschnitt Grundrezepte für Ganaches, Cremes, Teige, Massen und andere Grundrezepte, die in meinen Rezepten häufig zum Einsatz kommen.

Schokolade temperieren

Nur wenn Schokolade bei der jeweils richtigen Temperatur verarbeitet wird, glänzt sie später und hat ihren berühmten »Knack« (→ S. 15). Am besten gelingt das Temperieren auf einer kühlen Arbeitsfläche, etwa einer Marmor- oder Steinplatte.

EINS Schokolade fein hacken und auf dem Wasserbad schmelzen. Dabei darf das Wasser nicht kochen, der Dampf würde die Schokolade andicken und sie würde sich nicht mehr verarbeiten lassen.

ZWEI Die geschmolzene Schokolade darf eine Temperatur von 45 °C erreichen, bevor ⅔ davon auf die Arbeitsfläche gegossen werden. Die Schokolade mithilfe einer Palette hin- und herbewegen *(Bild 1)*. Dadurch kühlt sie gleichmäßig ab und es werden stabile Kristalle gebildet.

DREI Ist sie zähflüssig und kühl, kommt sie zurück zur warmen Schokolade. Mit einem Spatel vorsichtig und gründlich rühren, damit sich kalte und warme Schokolade angleichen. Dann sollte die Schokolade je nach Sorte eine der folgenden Verarbeitungstemperaturen haben:
Zartbitterschokolade 31–32 °C
Vollmilchschokolade 30–31 °C
Weiße Schokolade 28–29 °C

VIER Ist sie zu warm, nochmals etwas Schokolade auf der Arbeitsfläche durch Bewegen abkühlen. Ist sie zu kalt, kurz auf das Wasserbad stellen.

TEST Eine kleine Menge auf den Spatel geben und 3–4 Minuten warten. Wird die Schokolade in diesem Zeitraum fest, ist sie richtig temperiert.

Pralinenformen

Für **aufdressierte Pralinen** wird eine recht feste Ganache aufgeschlagen und mit einem Spritzbeutel auf Keks- oder Schokoblättchen dressiert. Für **Schnittpralinen** wird die lauwarme Ganache in einen Pralinenrahmen gegossen und später in kleine Würfel, Ecken oder Rauten geschnitten. Für **Formpralinen** wird Ganache in gekaufte oder selbst gemachte Hohlkörper gegossen.

Pralinenhohlkörper

Sie benötigen eine Pralinenform aus Kunststoff, am besten Polycarbonat.

EINS Die Form nach Wunsch dünn mit Glitzerpulver oder gefärbter weißer Schokolade auspinseln *(Bild 2)*. Anschließend oder ohne diesen kreativen Schritt mithilfe eines Spritzbeutels mit temperierter Schokolade ausgießen *(Bild 3)*.

ZWEI Nun kräftig gegen die Form klopfen, damit Luftbläschen entweichen können *(Bild 4)*.

DREI Die Form umdrehen, damit die Schokolade wieder herauslaufen kann. Es sollte nun ein dünner Schokoladenmantel zurückbleiben *(Bild 5)*. Kurz fest werden lassen.

VIER Nun mit Schokoladenganache auffüllen. Dabei sollte die Ganache 29–30 °C haben. Ist die zu warm, schmilzt die Hülle. Zum Festwerden über Nacht offen in den Kühlschrank stellen.

FÜNF Am nächsten Tag die Form von oben mit temperierter Schokolade abstreichen. Kurz fest werden lassen, dann mit etwas Schwung umdrehen – die Pralinen lösen sich von selbst aus der Form.

2

3

4

5

1

2

3

4

Schnittpralinen

Für Schnittpralinen wird eine etwas festere Ganache hergestellt, die sich nach dem Abkühlen gut schneiden lässt und stabile Pralinenwürfel ergibt.

EINS Einen Pralinenrahmen auf ein Blech mit Backpapier setzen. Die Ganache einfüllen, mit einer Palette glatt streichen und offen über Nacht an einem kühlen Ort fest werden lassen. Eine Schnittganache wird über Nacht nicht abgedeckt. Sie soll an der Oberfläche besonders stark auskristallisieren, damit sie abgestrichen werden kann und einen stabilen Fuß zum Überziehen bildet.

ZWEI Am folgenden Tag die schnittfeste Ganache an der Oberseite dünn mit temperierter Schokolade abstreichen *(Bild 1)*. Kurz fest werden lassen, dann stürzen, den Rahmen entfernen und kleine Rechtecke schneiden. Das geht gut mit einem Lineal oder einem ausziehbaren Metallmaßband und einem scharfen, flachen Messer *(Bild 2)*.

Pralinen überziehen

EINS Schnitt- und auch Formpralinen mithilfe einer Pralinengabel mit der abgestrichenen Seite nach unten mit Schokolade überziehen. Dabei verhindert die Schokoladenschicht auf der Ganache, dass die Praline an der Gabel kleben bleibt *(Bild 3)*.

ZWEI Auf Schokoblättchen oder andere »Sockel« aufdressierte Pralinen von Hand kopfüber in temperierte Schokolade tauchen *(Bild 4)*.

DREI Pralinen auf einem Blech mit Backpapier fest werden lassen. Auf Gittern würden sie festkleben.

Karamell herstellen

Um Karamell zuzubereiten, gebe ich nicht die gesamte Zuckermenge auf einmal in die Pfanne, sondern arbeite in Etappen. Wichtig ist auch eine hochwertige Pfanne. Geschmolzen wird bei starker Hitze.

EINS Zuerst ¼ des Zuckers in einer Pfanne schmelzen. Dabei immer wieder schwenken *(Bild 5)*.

ZWEI Sobald der Zucker flüssig ist, das nächste Viertel Zucker hinzugeben und schmelzen. Noch 2 × wiederholen, bis die gesamte Zuckermenge geschmolzen und goldgelb karamellisiert ist *(Bild 6 und 7)*.

DREI Den Karamell vom Herd nehmen und nach und nach die Flüssigkeit (Wasser, Sahne, Fruchtsaft) hinzugeben. Dies sollte möglichst vorsichtig erfolgen, damit der Sud nicht überkocht und sich der Karamell langsam lösen kann *(Bild 8)*.

VIER Sobald eine homogene, zähflüssige Mischung entstanden ist, kann der Karamell nach Wunsch weiterverarbeitet werden. Es können Nüsse oder Früchte – auch ohne vorherige Flüssigkeitszugabe – mit in die Pfanne gegeben werden, um sie mit Karamell zu ummanteln, oder auch weitere Zutaten wie Schokolade für eine Pralinenfüllung eingerührt werden.

Tipp

Achtung heiß! Beim Zubereiten von Karamell werden extrem hohe Temperaturen erreicht. Karamellisierte Nüsse und Co. also niemals mit den Fingern berühren. Und auf keinen Fall einen Finger zum Kosten in die Masse tauchen. Das gibt Blasen!

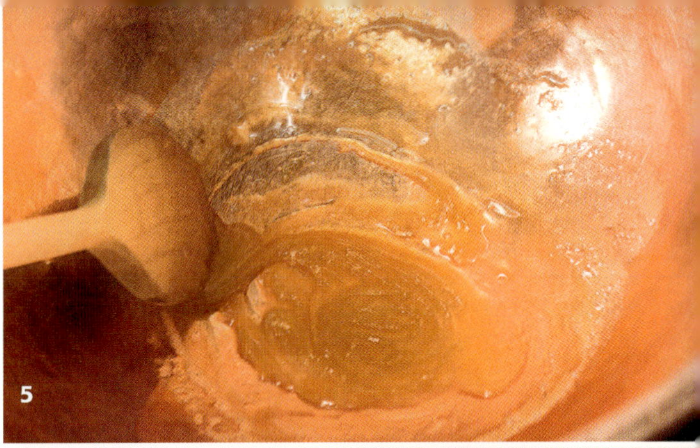

5

6

7

8

Aufschlagganache

75 g Sahne ✦ 10 g Zucker ✦ Mark von 1 Vanilleschote ✦ 110 g weiße Schokolade, klein gehackt ✦ 180 g Sahne

Natürlich kann eine Aufschlagganache auch mit dunkler Schokolade zubereitet werden, dann ist das Verhältnis von Sahne zu Schokolade allerdings ein anderes: 75 Gramm Sahne auf 100 Gramm Schokolade.

EINS Die 75 Gramm Sahne, Zucker und Vanillemark einmal kurz aufkochen. Währenddessen die weiße Schokolade im Wasserbad schmelzen.

ZWEI Die Schokolade in eine Rührschüssel geben und nach und nach die aufgekochte Sahne unterrühren. Anschließend die 180 Gramm kalte Sahne hinzugeben und die Mischung mit einem Pürierstab glatt mixen.

DREI Die Ganache abgedeckt über Nacht im Kühlschrank durchkühlen. Am nächsten Tag in eine Rührschüssel geben und mit einem Schneebesen cremig aufschlagen.

MENGE: *Für eine Torte 24 cm Ø als Füllung. Eignet sich nicht als Überzug.*
ZUBEREITUNGSZEIT: *20 Min. + Ruhezeit über Nacht*

Pralinémasse

240 g ganze Nüsse nach Wahl ✦ 160 g Zucker

Kann mit Haselnüssen, Mandeln, Pistazien, Erdnüssen, Macadamias, Pekannüssen oder Cashewkernen zubereitet werden.

EINS Den Backofen auf 175 °C Ober-/Unterhitze vorheizen. Die Nüsse auf einem Backblech mit Backpapier 8 Minuten auf der mittleren Schiene rösten. Anschließend etwas abkühlen lassen und, wenn nötig, Häutchenreste entfernen, indem Sie die Nüsse auf dem Blech in kreisenden Bewegungen aneinanderreiben.

ZWEI Den Zucker zu Karamell verarbeiten (→ S. 19).

DREI Die Nüsse hinzugeben und mit dem Karamell verrühren, bis alle von einer glänzenden Zuckerschicht umhüllt sind. Die karamellisierten Nüsse auf ein Backpapier geben – vorsichtig heiß! –, mit einem Löffel etwas trennen und auskühlen lassen.

VIER Die abgekühlten Nüsse im Küchenmixer 4–5 Minuten mixen. Je länger gemixt wird, desto feiner ist die Pralinémasse. Dies kann man ganz nach Belieben anpassen. Die Masse kann im Kühlschrank bis zu 8 Wochen gelagert werden.

MENGE: *400 g*
ZUBEREITUNGSZEIT: *35 Min.*
BACKZEIT: *8 Min. bei 175 °C Ober-/Unterhitze*
ZUBEHÖR: *Backblech mit Backpapier ✦ Küchenmixer oder Cutter*

Schokoladenglaçage

8 g Gelatinepulver ✦ 20 ml kaltes Wasser ✦ 135 g Zucker ✦ 20 ml Wasser ✦ 110 g Sahne ✦ 90 g Zartbitterschokolade, klein gehackt ✦ 30 g Kakaopulver ✦ 10 g Butter

EINS Gelatine in den 20 Millilitern kaltem Wasser einweichen. Zucker mit der zweiten Wassermenge mischen und 4–5 Minuten sprudelnd kochen lassen.

ZWEI Sahne einmal kurz aufkochen. Zartbitterschokolade auf dem Wasserbad schmelzen.

DREI Kakaopulver, Schokolade und Butter nach und nach in die heiße Sahne einrühren, dann den Zuckersud und zuletzt die aufgelöste Gelatine. Mit einem Pürierstab mixen. Mit Folie abgedeckt auf 36 °C dickflüssig abkühlen lassen.

Helle Fruchtglaçage

12 g Gelatinepulver ✦ 60 ml kaltes Wasser ✦ 60 ml Wasser ✦ 100 g Glukosesirup ✦ 120 g Zucker ✦ 100 g weiße Schokolade, klein gehackt ✦ 30 g Fruchtpüree (entsprechend dem Rezept) ✦ flüssige Lebensmittelfarbe nach Belieben

EINS Gelatine in 60 Millilitern kaltem Wasser einweichen. Glukosesirup und Zucker mit der 2. Wassermenge aufkochen, dann vom Herd nehmen.

ZWEI Schokolade auf dem Wasserbad schmelzen. Fruchtpüree und Schokolade nach und nach in den Zuckersud einrühren, zuletzt die Gelatine auflösen und hinzugeben. Alles mit einem Pürierstab mixen und nach Belieben einfärben. Abkühlen wie oben.

MENGE: *für 1 großen Kuchen oder 5 Törtchen*
ZUBEREITUNGSZEIT: *25 Min.*

Zur Rose abziehen

BEISPIEL SCHOKOLADEN-CHILI-CREME

250 g Sahne ✦ 250 ml Milch ✦ 1 große Chilischote, fein gehackt ✦ 45 g Zucker ✦ 5 Eigelbe (100 g) ✦ 250 g Zartbitterschokolade, klein gehackt

Das Binden von Cremes mit Ei wird hier exemplarisch für eine Schokoladen-Chili-Creme beschrieben. Grundsätzlich rechnet man 1–1,5 Eigelb auf 100 Milliliter Flüssigkeit.

EINS Sahne und/oder Milch sowie Gewürze (hier Chili) einmal aufkochen. Währenddessen Eigelb und Zucker verquirlen. Die Sahne kurz vom Herz nehmen und die Eigelbmischung unterrühren.

ZWEI Dann die Mischung bei mittlerer Hitze wieder auf den Herd oder ein Wasserbad stellen und unter ständigem, behutsamem Rühren auf 82 °C erwärmen, nicht weiter, sonst gerinnt das Eigelb.

DREI Etwas Creme mit einem Kochlöffel entnehmen und darauf pusten. Wenn sich ein wellenförmiges Muster wie bei einer Rosenblüte bildet, ist sie ideal gebunden *(Bild 1)*.

VIER Die Creme zur Sicherheit durch ein feines Sieb passieren, um eventuelle Eigelbklümpchen zu entfernen. Dann alle weiteren Zutaten (hier Schokolade) unter die noch warme Creme rühren. Mit Folie abgedeckt abkühlen lassen, damit sich keine Haut bildet.

Schokoladen-mürbeteig

200 g Weizenmehl Type 550 ✦ 30 g Kakaopulver ✦ 30 g gemahlene Haselnüsse ✦ 120 g weiche Butter ✦ 90 g Puderzucker ✦ 2 Prisen Salz ✦ 1 Ei (50 g)

EINS Mehl und Kakaopulver mischen und sieben, dann mit den Haselnüssen vermengen.

ZWEI Butter, Puderzucker und Salz in einer Rührschüssel hell-cremig aufschlagen. Anschließend das Ei einarbeiten.

DREI Die Mehlmischung unterkneten, bis ein glatter, geschmeidiger Teig entstanden ist. In Frischhaltefolie eingeschlagen 30 Minuten kühlen.

VIER Den Backofen auf 180 °C Ober-/Unterhitze vorheizen. Die gewünschten Formen buttern und mit Mehl ausstäuben. Den Teig anschließend mit einem Rollholz am besten zwischen 2 Lagen Backpapier ausrollen, zuschneiden und in die Form legen. Mit einer Gabel kleine Löcher in den Teich stechen, damit mögliche Luft entweichen kann. 10–12 Minuten auf der mittleren Schiene backen, größere Mürbeteigformen am besten blindbacken → Tipp.

Blindbacken

Beim Blindbacken wird auf den Buttermürbeteig ein Backpapier gelegt. Anschließend wird die Form mit speziellen Blindbackkugeln oder einfach getrockneten Hülsenfrüchten aufgefüllt. Die Tarte backt so besonders gleichmäßig und der Rand rutscht in der Form nicht runter.

Butter-mürbeteig

190 g Weizenmehl Type 550 ✦ 60 g gemahlene blanchierte Mandeln ✦ 125 g weiche Butter ✦ 75 g Puderzucker ✦ 2 Prisen Salz ✦ 1 Ei (50 g)

EINS Das Mehl sieben und mit den Mandeln vermischen. Butter, Puderzucker und Salz in einer Rührschüssel hell-cremig aufschlagen. Anschließend das Ei einarbeiten.

ZWEI Die Mehlmischung unterkneten, bis ein glatter, geschmeidiger Teig entstanden ist. In Frischhaltefolie eingeschlagen 30 Minuten kühlen.

DREI Den Backofen auf 180 °C Ober-/Unterhitze vorheizen. Die gewünschten Formen buttern und mit Mehl ausstäuben. Den Teig anschließend mit einem Rollholz am besten zwischen 2 Lagen Backpapier ausrollen, zuschneiden und in die Form legen. Mit einer Gabel kleine Löcher in den Teich stechen, damit mögliche Luft entweichen kann. 10–12 Minuten auf der mittleren Schiene backen, größere Mürbeteigformen am besten blindbacken → Tipp.

MENGE: *Für 2 Tartes mit 26 cm Ø oder 12 Tartelettes 9 cm Ø*
ZUBEREITUNGSZEIT: *20 Min. + 30 Min. Kühlzeit*
BACKEN: *10–12 Min. bei 180 °C Ober-/Unterhitze*
UTENSILIEN: *Backformen nach Wunsch ✦ Backpapier ✦ Frischhaltefolie ✦ evtl. Blindbackmaterial*

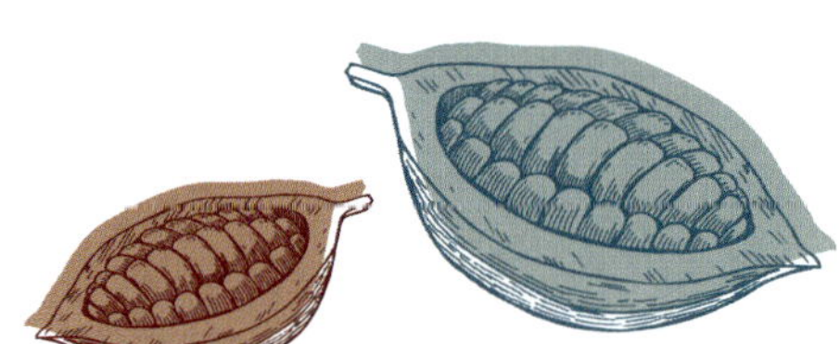

Schokoladen-Zitronen-Streusel

Abrieb von 2 unbehandelten Zitronen ✦ 150 g weiche Butter ✦ 75 g Zucker ✦ 1 Prise Salz ✦ 70 g Marzipanrohmasse ✦ 160 g Weizenmehl Type 550 ✦ 60 g Pekannüsse, fein gemahlen ✦ 40 g Kakaopulver

EINS Zitronenabrieb, Butter, Zucker, Salz und Marzipan in eine Rührschüssel geben und mit dem Quirl oder von Hand vermengen.

ZWEI Das Mehl sieben und mit den Pekannüssen und dem Kakaopulver vermischen. Zur Buttermischung geben und kneten, bis sich feine Streusel bilden. Nicht zu lange kneten, sonst wird aus den Streuseln ein glatter Teig.

DREI Die Streusel nun am besten auf einen Teller verteilen und kurz in den Kühlschrank stellen, bevor sie für ein Rezept verwendet werden.

MENGE: *Streusel für 1 Kuchen mit 26 cm Ø oder 1 Blechkuchen*
ZUBEREITUNGSZEIT: *15 Minuten + 15 Min. Kühlzeit*

Tipp

Die Streusel schmecken auch super mit Orangenabrieb und geriebenen Walnüssen oder mit Zimt und gemahlenen Haselnüssen.

Schokoladenbiskuit

60 g Weizenmehl Type 550 ✦ 1 gestr. TL (5 g) Backpulver ✦ 35 g Kakaopulver ✦ 65 g gemahlene Haselnüsse ✦ 35 g Butter + etwas für die Form ✦ 6 Eigelbe (120 g) ✦ 30 g Zucker ✦ Abrieb von 1 unbehandelten Orange ✦ 1 Prise Zimt ✦ 4 Eiweiße (120 g) ✦ 100 g Zucker ✦ 1 Prise Salz

EINS Den Backofen auf 180 °C Ober-/Unterhitze vorheizen und die Springform mit Butter fetten. Mehl, Backpulver und Kakaopulver mischen und sieben, dann die gemahlenen Haselnüsse hinzugeben. Die Butter vorsichtig schmelzen – sie sollte nicht zu warm werden.

ZWEI Eigelbe, die 55 Gramm Zucker, Orangenabrieb und Zimt in einer Rührschüssel cremig aufschlagen. Die Eiweiße separat mit der 2. Zuckermenge und dem Salz steif schlagen. Die Quirle müssen ganz sauber sein. Befinden sich daran fettige Eigelbreste, schlägt sich das Eiweiß nicht auf.

DREI Die Eigelbmischung mit einem Spatel unter den Eischnee heben. Dann die Mehlmischung unterziehen und zuletzt vorsichtig die Butter einarbeiten.

VIER Die Masse in die Springform füllen und auf der mittleren Schiene 25 Minuten backen. In der Form auskühlen lassen.

MENGE: *1 Biskuitboden mit 26 cm Ø*
ZUBEREITUNGSZEIT: *25 Min.*
BACKZEIT: *25 Min. bei 180 °C Ober-/Unterhitze*
ZUBEHÖR: *Springform mit 26 cm Ø*

Ein bisschen Schokolade

FEINGEBÄCK UND NASCHEREIEN

Blondies

mit Macadamia und Johannisbeeren

95 g Macadamianüsse ✦ 1 Prise Salz ✦ 330 g Karamellschokolade, gehackt ✦ 255 g Butter ✦ 4 Eier (200 g) ✦ 115 g Sahne ✦ 180 g brauner Zucker ✦ 140 g Reismehl ✦ 100 g gemahlene blanchierte Mandeln ✦ 100 g Johannisbeeren

EINS Den Backofen auf 180 °C Ober-/Unterhitze vorheizen. Die Macadamianüsse auf einem Backblech verteilen, mit Salz bestreuen und 8 Minuten im Ofen rösten. Anschließend grob hacken.

ZWEI Die Karamellschokolade auf dem Wasserbad schmelzen. Die Butter ebenfalls auf dem Wasserbad vorsichtig verflüssigen. Anschließend in einer Rührschüssel mit den Eiern, Sahne und Zucker verrühren. Dann langsam die flüssige Schokolade untermischen.

DREI Das Reismehl mit den Mandeln mischen und unter die Schokoladenmasse rühren. Zuletzt die Macadamianüsse unterziehen.

VIER Die fertige Blondiemasse in einen Backrahmen auf einem Blech mit Backpapier füllen und glatt streichen. Gleichmäßig mit Johannisbeeren bestreuen und auf der mittleren Schiene für 25–30 Minuten backen.

FÜNF Siehe Brownies.

Tipp

Die Brownies und Blondies kommen ganz ohne Weizenmehl aus und können auch Gästen serviert werden, die kein Gluten vertragen.

Brownies

mit Pinienkernen und Heidelbeeren

75 g Pinienkerne ✦ 1 Prise Salz ✦ 300 g Zartbitterschokolade, klein gehackt ✦ 265 g Butter ✦ 4 Eier (200 g) ✦ 115 g Sahne ✦ 230 g brauner Zucker ✦ 140 g Reismehl ✦ 100 g gemahlene Haselnüsse ✦ 100 g Heidelbeeren

EINS Den Backofen auf 180 °C Ober-/Unterhitze vorheizen. Die Pinienkerne in einer Pfanne ohne Fett mit dem Salz goldbraun rösten. Anschließend grob hacken.

ZWEI Die Zartbitterschokolade auf dem Wasserbad schmelzen. Die Butter ebenfalls auf dem Wasserbad verflüssigen. Anschließend in einer Rührschüssel mit den Eiern, Sahne und Zucker verrühren. Dann langsam die Schokolade untermischen.

DREI Das Reismehl mit den Haselnüssen mischen und unter die Schokoladenmasse rühren. Zuletzt die Pinienkerne unterziehen.

VIER Die fertige Browniemasse in einen Backrahmen auf einem Blech mit Backpapier füllen und glatt streichen. Gleichmäßig mit Heidelbeeren bestreuen und auf der mittleren Schiene für 25–30 Minuten backen.

FÜNF Nach dem Backen in rechteckige oder quadratische Stücke schneiden. Am besten noch lauwarm und cremig servieren.

MENGE: *16 Stück*
ZUBEREITUNGSZEIT: *35 Min.*
BACKEN: *25–30 Min. bei 180 °C Ober-/Unterhitze*
UTENSILIEN: *Backblech mit Backpapier ✦ Backrahmen 25 × 25 cm*

Schokoladen-Dacquoises

mit Haselnüssen und Nougat

TEIG 4 Eiweiße (120 g) ✦ 1 Prise Salz ✦ 50 g Zucker ✦ 130 g gemahlene Haselnüsse ✦ 150 g Puderzucker ✦ 30 g Kakaopulver ✦ 50 g Zartbitterschokolade, klein gehackt ✦ 30 g gemahlene Haselnüsse
FÜLLUNG 150 g Haselnussnougat

EINS Den Backofen auf 185 °C Ober-/Unterhitze vorheizen. Die Eiweiße mit dem Salz sehr steif schlagen, während des Ausschlagens nach und nach den Zucker einrieseln lassen.

ZWEI Die 130 Gramm Haselnüsse mit Puderzucker und Kakaopulver vermischen. Diese Mischung sowie die gehackte Schokolade mit einem Spatel vorsichtig unter den Eischnee ziehen.

DREI Die Masse in einen Spritzbeutel mit Lochtülle füllen und auf ein Backblech mit Backpapier gleichmäßige, etwa 2 Zentimeter große Tupfen spritzen. Es sollten etwa 80 Kekse werden. Diese mit den 30 Gramm Haselnüssen bestreuen. Dies sorgt für eine lecker-nussige Optik.

VIER Auf der mittlerer Schiene 8 Minuten backen. Nach dem Backen für einige Minuten auf dem Blech auskühlen lassen.

FÜNF Zum Füllen den Haselnussnougat cremig aufschlagen. Die Hälfte der Kekse umdrehen und Nougat aufdressieren, am besten mithilfe eines Spritzbeutels. Mit einem Keks schließen.

MENGE: *80/40 Stück*
ZUBEREITUNGSZEIT: *25 Min.*
BACKEN: *8 Min. bei 185 °C Ober-/Unterhitze*
UTENSILIEN: *Backblech mit Backpapier ✦ Spritzbeutel mit Lochtülle 10 mm Ø*

Genießerwissen

Dacquoise ist eigentlich ein französischer Kuchen, der aus Eiweißböden und Creme geschichtet wird. Meine kleine Hommage in Schokokeksform ist schnell gemacht und kann nach Wunsch mit Nougat gefüllt oder auch pur genossen werden. – So passen sie besonders gut zum Espresso.

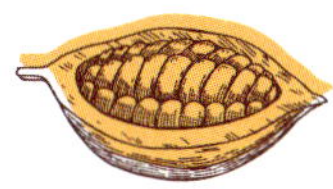

Schokoladen-Cantuccini

mit Orange und Honig

MASSE 155 g Weizenmehl Type 550 ✦ 1 gestr. TL (5 g) Backpulver ✦ 30 g Kakaopulver ✦ 2 kleine Eier (75 g) ✦ 120 g Zucker ✦ Abrieb von 1 unbehandelten Orange ✦ 10 g Honig ✦ 90 g Mandeln, grob gehackt
EISTREICHE 3 Eigelbe (60 g) ✦ 1 EL Milch

EINS Mehl mit Backpulver und Kakaopulver mischen und in eine Schüssel sieben. Eier, Zucker, Orangenabrieb und Honig auf dem Wasserbad auf 40 °C erwärmen, dann in eine Rührschüssel geben und in der Küchenmaschine oder mit dem Handmixer bei mittlerer Geschwindigkeit für 10 Minuten zu einem cremigen Schaum aufschlagen.

ZWEI Sobald die Eier cremig aufgeschlagen sind, die Mehlmischung und zuletzt die gehackten Mandeln mit einem Spatel vorsichtig unterheben.

DREI Die Masse in einen Backrahmen auf einem Blech mit Backpapier füllen. Für 60 Minuten in den Gefrierschrank stellen, damit die Masse fest wird. Den Backofen rechtzeitig auf 175 °C Ober-/Unterhitze vorheizen.

VIER Für die Eistreiche Eigelbe und Milch verquirlen und die gekühlte Cantuccinimasse dünn damit bestreichen. Die Platte aus dem Backrahmen lösen und in 5 jeweils 3 Zentimeter breite Streifen schneiden. Diese gleichmäßig auf einem Backblech mit Backpapier verteilen und für 15 Minuten auf der mittleren Schiene backen.

FÜNF Die vorgebackenen Cantuccini aus dem Ofen nehmen und die Temperatur auf 130 °C reduzieren. Sobald die Gebäckstücke so weit abgekühlt sind, dass man sie anfassen kann, aus jedem Streifen quer 1 Zentimeter dicke Stückchen schneiden. Die Cantuccini wieder auf dem Backblech verteilen und für weitere 15 Minuten im Ofen backen, bis sie schön trocken und knusprig sind.

MENGE: *75 Stück*
ZUBEREITUNGSZEIT: *65 Min. + 60 Min. Kühlzeit*
BACKEN: *15 Min. bei 175 °C und 15 Min. 130 °C Ober-/Unterhitze*
UTENSILIEN: *Backblech mit Backpapier ✦ Backrahmen 15 cm × 15 cm*

Tipp

Die Röstaromen dieser Schokoladen-Cantuccini passen perfekt zum Espresso! Und sie lassen sich nach Lust und Laune variieren: um die Weihnachtszeit herum etwa mit Haselnüssen und Honigkuchengewürz oder im Sommer mit Zitronenabrieb und Pinienkernen.

Dunkle Eclairs

mit Schokoladen-Maronen-Creme

BRANDMASSE 70 g Weizenmehl Type 550 ✦ 15 g Kakaopulver ✦ 170 ml Milch ✦ 75 g Butter ✦ 10 g Zucker ✦ 1 Prise Salz ✦ 3 Eier (150 g)

MARONENCREME 170 ml Milch ✦ 35 g Butter ✦ 25 g Zucker ✦ 35 g Sahne ✦ 1 Eigelb (20 g) ✦ 15 g Speisestärke ✦ 70 g Zartbitterschokolade, Kakaoanteil 75%, klein gehackt ✦ 70 g Maronencreme (im Bio-Supermarkt erhältlich)

EINS Für die Brandmasse Mehl und Kakaopulver mischen und sieben. Milch, Butter, Zucker und Salz in einem Topf aufkochen. Dann unter ständigem Rühren mit einem Kochlöffel die Mehl-Kakao-Mischung einarbeiten. Für 3–4 Minuten bei mittlerer Hitze abrösten, bis sich die Masse vom Rand des Topfes löst und eine festere Konsistenz hat. In eine Rührschüssel geben und zum Abkühlen mit den Knethaken des Handmixers für 2 Minuten kneten.

ZWEI Den Backofen auf 175 °C Ober-/Unterhitze vorheizen. Die Eier verquirlen, nach und nach in die Brandmasse einarbeiten und so lange weiter kneten, bis sie glatt und weich ist. In einen Spritzbeutel mit großer Sterntülle füllen und auf ein Backblech mit Backpapier 8 Zentimeter lange Streifen dressieren.

DREI Eine kleine ofenfeste Schüssel mit Wasser auf den Boden des Backofens stellen. Die Eclairs auf der mittleren Schiene für etwa 20 Minuten schön knusprig backen. Dabei nach circa 15 Minuten, aber erst, wenn die Masse schön aufgegangen ist, kurz den Ofen öffnen, den Dampf entweichen lassen und die Wasserschüssel herausnehmen. Die Eclairs nach dem Backen auf einem Gitter vollständig auskühlen lassen.

VIER Für die Maronencreme Milch, Butter und Zucker in einem kleinen Topf aufkochen. Sahne mit Eigelb und Speisestärke glatt rühren. Unter ständigem Rühren in die heiße Milch einlaufen und einmal aufkochen lassen, bis sie cremig abgebunden ist.

FÜNF Die Creme vom Herd nehmen und Schokolade und Maronencreme unterrühren, bis sich alles zu einer homogenen Masse verbunden hat. Anschließend mit einem Pürierstab durchmixen. Mit Folie abgedeckt für 30 Minuten bei Raumtemperatur abkühlen lassen, dann durchrühren und in einen Spritzbeutel mit Lochtülle geben.

SECHS Die Eclairs mit der Tülle anstechen und mit Creme befüllen. Nach Wunsch das Grundrezept *Aufschlagganache* von S. 20 herstellen und die Eclairs damit ausdekorieren.

MENGE: *15–20 Stück*
ZUBEREITUNGSZEIT: *50 Min. + ca. 30 Min. Kühlzeit*
BACKEN: *18–20 Min. bei 175 °C Ober-/Unterhitze*
UTENSILIEN: *Spritzbeutel mit Sterntülle 12 mm Ø und Lochtülle 4 mm Ø ✦ Backblech mit Backpapier*

Erdige Küchlein

mit Zartbitterschokolade

MASSE etwas Butter für die Form ✦ 1 kleine Rote-Bete-Knolle, klein gewürfelt ✦ 50 g brauner Zucker ✦ 110 g Zartbitterschokolade, klein gehackt ✦ 105 g Weizenmehl Type 550 ✦ 1 gestr. EL (10 g) Backpulver ✦ 85 g gemahlene Haselnüsse ✦ 110 g Marzipanrohmasse ✦ 165 g weiche Butter ✦ 100 g brauner Zucker ✦ je 1 Prise Zimt, Muskat und Kreuzkümmel ✦ Abrieb von 2 unbehandelten Orangen ✦ 4 Eier (200 g)
ZUM SERVIEREN etwas Kakaopulver

EINS Den Backofen auf 185 °C Ober-/Unterhitze vorheizen. Die Förmchen leicht mit Butter fetten. Rote Bete auf einem Backblech mit Backpapier mit den 50 Gramm braunem Zucker bestreuen. Für 5 Minuten auf der mittleren Schiene backen, bis sie noch leicht bissfest ist.

ZWEI Die Hälfte der Zartbitterschokolade auf dem Wasserbad schmelzen. Mehl und Backpulver mischen und sieben, dann mit den Haselnüssen und der restlichen Schokolade vermengen.

DREI Marzipan, Butter, die 100 Gramm braunen Zucker, Gewürze und Orangenabrieb ganz leicht hell-cremig aufschlagen. Dann die Eier und die Mehlmischung im Wechsel einarbeiten. Zuletzt die flüssige Schokolade unterziehen und vorsichtig die Rote Bete unterheben.

VIER Am besten mithilfe eines Spritzbeutels die Kuchenförmchen bis knapp unter den Rand mit der Masse befüllen. Etwa 15 Minuten auf der mittleren Schiene backen. Zum Auskühlen aus der Form lösen. Vor dem Servieren mit etwas Kakaopulver bestäuben.

Fruchtige Küchlein

mit Vollmilchschokolade

MASSE etwas Butter für die Förmchen ✦ 100 g Weizenmehl Type 550 ✦ 1 gestr. EL (10 g) Backpulver ✦ 40 g Pekannüsse, gemahlen ✦ 40 g Pekannüsse, klein gehackt ✦ 55 g Vollmilchschokolade, klein gehackt ✦ 1 reife Banane ✦ 110 g Marzipanrohmasse ✦ 110 g weiche Butter ✦ 15 g brauner Zucker ✦ 60 g Ahornsirup ✦ Mark von 1 Vanilleschote ✦ Abrieb und Saft von 1 unbehandelten Limette ✦ 3 Eier (150 g)
DEKO 150 g temperierte Vollmilchschokolade ✦ 15 halbe Pekannüsse

EINS Den Backofen auf 185 °C Ober-/Unterhitze vorheizen. Die Förmchen leicht mit Butter fetten. Mehl und Backpulver mischen, sieben und mit den gemahlenen Pekannüssen vermengen. Die gehackten Pekannüsse mit der Vollmilchschokolade mischen.

ZWEI Die Banane schälen, mit einer Gabel leicht zerdrücken, dann mit Marzipan, Butter, Zucker, Ahornsirup, Vanillemark, Limettensaft und dem Limettenabrieb ganz leicht hell-cremig schlagen. Anschließend die Eier und die Mehlmischung im Wechsel einarbeiten.

DREI Am besten mithilfe eines Spritzbeutels die Kuchenförmchen bis knapp unter den Rand mit der Masse befüllen. Etwa 15 Minuten auf der mittleren Schiene backen. Zum Auskühlen aus der Form lösen. Vor dem Servieren mit temperierter Vollmilchschokolade überziehen und mit Pekannüssen dekorieren.

Exotische Küchlein

mit weißer Schokolade

MASSE etwas Butter für die Förmchen ✦ 50 g getrocknete Mango, klein gewürfelt ✦ 45 g weiße Schokolade, klein gehackt ✦ 100 g Weizenmehl Type 550 ✦ 1 gestr. EL (10 g) Backpulver ✦ 40 g Kokosflocken ✦ 110 g Marzipanrohmasse ✦ 110 g weiche Butter ✦ 85 g Kokosblütenzucker ✦ 1 gestr. TL frischer Ingwer, gerieben ✦ Abrieb von 2 unbehandelten Zitronen ✦ 3 Eier (150 g) ✦ 15 ml Batida de Coco
ZUM SERVIEREN etwas Puderzucker

EINS Den Backofen auf 185 °C Ober-/Unterhitze vorheizen. Die Förmchen leicht mit Butter fetten. Mangowürfel und weiße Schokolade vermischen. Mehl und Backpulver mischen, sieben und dann mit den Kokosflocken vermengen.

ZWEI Marzipan, Butter, Kokosblütenzucker, Ingwer und den Zitronenabrieb ganz leicht hell-cremig schlagen. Eier mit Batida de Coco verquirlen und im Wechsel mit der Mehlmischung in die Buttermasse einarbeiten. Zum Schluss die Mango-Schokoladen-Mischung mit einem Spatel unterheben.

DREI Backen wie die Küchlein auf der linken Seite. Vor dem Servieren mit etwas Puderzucker bestreuen.

MENGE: *15 Stück*
ZUBEREITUNGSZEIT: *30 Min.*
BACKTEMPERATUR *15 Min. bei 185 °C Ober-/Unterhitze*
UTENSILIEN: *eckige oder runde kleine Kuchenformen à ca. 70 ml Füllmenge ✦ optional Spritzbeutel mit großer Lochtülle*

DEKOTIPP Die kleinen Küchlein habe ich nur mit etwas temperierter Schokolade dekoriert, damit sie hübsch aussehen. Wenn die Küchlein etwas länger saftig bleiben sollen, entsprechend mehr Schokolade temperieren, die Küchlein kopfüber darin eintauchen und zum Abtropfen auf ein Gitter setzen. So kann man sie bis zu 5 Tage genießen.

Salzkaramell-Macarons

mit Schokoladen-Kurkuma-Ganache

MACARONS 150 g Mandelmehl (sehr fein gemahlene Mandeln) ✦ 150 g Puderzucker ✦ 2 Eiweiße (60 g) ✦ 150 g Zucker ✦ 50 g Wasser ✦ 2 Eiweiße (60 g) ✦ 15 g Zucker ✦ 5–10 Tropfen gelbe Speisefarbe
GANACHE 75 ml Mandelmilch ✦ 75 g Sahne ✦ 30 g Honig ✦ 1 TL Kurkumapulver ✦ 1 Prise Meersalz ✦ 235 g Karamellschokolade (notfalls weiße Schokolade), klein gehackt ✦ 75 g Butter

EINS Für die Macaronschalen Mandelmehl und Puderzucker mithilfe eines Spatels mit den 60 Gramm Eiweiß zu einem cremigen Teig mischen. Die 150 Gramm Zucker mit dem Wasser in einem Topf erhitzen und 4 Minuten sprudelnd kochen lassen.

ZWEI Währenddessen das restliche Eiweiß mit den 15 Gramm Zucker zu einem cremigen, weichen Schnee aufschlagen. Die heiße Zuckerlösung unter ständigem Mixen in einem dünnen Strahl in das Eiweiß einlaufen lassen. Der »gekochte« Eischnee sollte eine cremige Textur haben. Den Eischnee mit einem Spatel unter den Mandelteig ziehen. Nach Belieben gelbe Speisefarbe hinzugeben.

DREI Die Masse in einen Spritzbeutel mit Lochtülle geben und gleichmäßige kleine Tupfen von etwa 2,5 Zentimetern Durchmesser auf ein Blech mit Backpapier oder eine Silikonbackmatte spritzen. Das Backblech leicht klopfen, sodass sie flach verlaufen. Etwa 90 Minuten an einem warmen Ort trocknen lassen, bis die Oberfläche nicht mehr klebt.

VIER Den Backofen auf 160 °C Ober-/Unterhitze vorheizen und die getrockneten Macaronschalen 14–16 Minuten backen. Sie sollen auf keinen Fall Farbe bekommen. Auf dem Blech abkühlen lassen

FÜNF Während die Macarons trocknen, für die Füllung Mandelmilch, Sahne und Honig aufkochen, Kurkuma und Meersalz hinzugeben. Vom Herd nehmen. Die Karamellschokolade auf dem Wasserbad schmelzen. Den Sahnesud nach und nach mit der Schokolade zu einer cremigen Ganache verrühren. Mit einem Pürierstab mixen und zuletzt die Butter unterrühren. Mit Folie abgedeckt für etwa 30 Minuten kühlen, bis sie eine cremige Konsistenz hat.

SECHS Die Ganache in einen Spritzbeutel mit Lochtülle füllen und auf die Hälfte der umgedrehten Macaronschalen dressieren. Die restlichen Macaronschalen vorsichtig aufdrücken. In Boxen gekühlt sind sie bis zu 7 Tage haltbar.

MENGE: *40–50 Stück*
ZUBEREITUNGSZEIT: *75 Min. + 90 Min. Trockenzeit und 30 Min. Kühlzeit*
BACKEN: *14–16 Min. bei 160 °C Ober-/Unterhitze*
UTENSILIEN: *Spritzbeutel mit Lochtülle 10–12 mm Ø ✦ Backblech mit Backpapier oder Silikonbackmatte*

Weiße Schokoladen-financiers

mit Pistazien und Safran

120 g Butter ✦ 1 Msp. Safranfäden ✦ 80 g Mehl Type 550 ✦ 1 gestr. EL (10 g) Backpulver ✦ 55 g gemahlene Pistazien ✦ 40 g gemahlene blanchierte Mandeln ✦ 7,5 Eiweiße (230 g) ✦ 220 g Puderzucker ✦ 60 g weiße Schokolade, klein gehackt ✦ 60 g ungesalzene Pistazien, klein gehackt ✦ Butter für die Förmchen

EINS Butter in einen Topf köcheln lassen, bis sie goldbraun wird. Vom Herd nehmen, Safran hinzugeben und 20 Minuten ziehen lassen. Die »braune Butter« zum Klären durch ein feines Sieb geben.

ZWEI Mehl und Backpulver mischen und sieben, dann die gemahlenen Pistazien und Mandeln untermischen. Eiweiß mit Puderzucker ganz leicht aufschlagen, sodass es noch nicht weiß wird. Dann die Mehlmischung und anschließend die braune Butter untermischen. Zuletzt die weiße Schokolade und die gehackten Pistazien unterrühren. Die Masse am besten über Nacht, mindestens 2 Stunden abgedeckt im Kühlschrank quellen lassen.

DREI Den Backofen auf 175 °C Ober-/Unterhitze vorheizen. Die Förmchen dünn mit Butter auspinseln und bis zum Rand mit Financiermasse befüllen. 10–12 Minuten auf der mittleren Schiene backen. Zum Abkühlen aus den Förmchen lösen.

MENGE: *45 Stück*
ZUBEREITUNGSZEIT: *30 Min. + 2–12 Std. Teigruhe*
BACKEN: *10–12 Min. bei 175 °C Ober-/Unterhitze*
UTENSILIEN: *kleine, idealerweise dreieckige Backförmchen à ca. 60 ml*

Dunkle Schokoladen-madeleines

mit Ingwer und Olivenöl

175 g Weizenmehl Type 550 ✦ 50 g Kakaopulver ✦ 1 gestr. EL (10 g) Backpulver ✦ 100 g Butter ✦ 130 g Olivenöl + etwas für die Form ✦ 5 Eier (250 g) ✦ 215 g brauner Zucker ✦ Abrieb von 3 unbehandelten Orangen ✦ 1 TL frischer Ingwer, gerieben ✦ 35 g kandierter Ingwer, fein gehackt ✦ 25 g Honig ✦ 1 Prise Salz ✦ 40 g Kakaonibs ✦ neutrales Speiseöl für die Förmchen

EINS Mehl, Kakaopulver und Backpulver mischen und sieben. Die Butter in einem Topf vorsichtig schmelzen, dann vom Herd nehmen und das Öl unterrühren. Eier mit Zucker, Orangenabrieb, frischem und kandiertem Ingwer, Honig und Salz sorgfältig mischen, aber nicht aufschlagen. Es soll keine Luft eingearbeitet werden.

ZWEI Die Mehlmischung unter die Eiermasse rühren, dann die Buttermischung. Zuletzt die Kakaonibs unterziehen. Die Masse abgedeckt über Nacht, mindestens aber 2 Stunden im Kühlschrank quellen lassen.

DREI Den Backofen auf 175 °C Ober-/Unterhitze vorheizen. Die Förmchen dünn mit Öl auspinseln und bis zum Rand mit Madeleinemasse befüllen. Etwa 14 Minuten auf der mittleren Schiene backen. Zum Abkühlen aus den Förmchen lösen.

MENGE: *30 Stück*
ZUBEREITUNGSZEIT: *30 Min. + 2–8 Std. Teigruhe*
BACKEN: *14 Min. bei 175 °C Ober-/Unterhitze*
UTENSILIEN: *3 Madeleinebleche mit jeweils 9 Mulden à 180 ml*

Schokoladen-Macarons

mit Cassis-Kaffir-Ganache

MACARONS 125 g Mandelmehl (sehr fein gemahlene Mandeln) ✦ 25 g Kakaopulver ✦ 150 g Puderzucker ✦ 2 Eiweiße (60 g) ✦ 150 g Zucker ✦ 50 ml Wasser ✦ 2 Eiweiße (60 g) ✦ 15 g Zucker
GANACHE 150 g Cassispüree ✦ Saft von 1 Zitrone ✦ 12 g Reismehl ✦ 10 g Honig ✦ 8 Kaffir-Limettenblätter, fein gehackt ✦ 115 g weiße Schokolade, klein gehackt ✦ 75 g Butter

EINS Für die Macarons Mandelmehl, Kakaopulver und Puderzucker mischen. Dann die 60 Gramm Eiweiß hinzugeben und alles mit einem Spatel zu einem cremigen Teig verrühren. Die 150 Gramm Zucker mit dem Wasser in einem Topf erhitzen und 4 Minuten sprudelnd kochen lassen.

ZWEI Währenddessen das restliche Eiweiß mit den 15 Gramm Zucker zu einem cremigen Schaum aufschlagen. Dann die heiße Zuckerlösung unter ständigem Mixen in einem dünnen Strahl einlaufen lassen. Der »gekochte Eischnee« sollte eine cremige Konsistenz haben. Nach und nach mit einem Spatel unter den Mandelteig ziehen.

DREI Die Masse in einen Spritzbeutel mit Lochtülle geben und Tupfen mit etwa 2,5 Zentimetern Durchmesser auf ein Blech mit Backpapier oder einer Silikonbackmatte spritzen. Das Blech leicht klopfen, sodass die Tupfen flach verlaufen. Die Macaronschalen etwa 90 Minuten an einem warmen Ort trocknen lassen, bis die Oberfläche nicht mehr klebt.

VIER Den Backofen auf 160 °C Ober-/Unterhitze vorheizen und die getrockneten Macaronschalen 14–16 Minuten backen. Sie sollen keine Farbe bekommen. Auf dem Blech abkühlen lassen.

FÜNF Während die Macarons trocknen, für die Ganache das Cassispüree mit Zitronensaft aufkochen. Vom Herd nehmen, Limettenblätter hinzugeben und 10 Minuten ziehen lassen. Anschließend durch ein feines Sieb streichen, mit dem Reismehl verrühren und unter ständigem Rühren einmal aufkochen. Dann vom Herd nehmen.

SECHS Die weiße Schokolade auf dem Wasserbad schmelzen und anschließend mit der Cassiscreme mischen. Mit dem Pürierstab mixen, zuletzt die Butter unterrühren. Die Ganache mit Folie abgedeckt für 30 Minuten abkühlen lassen, bis sie schön cremig ist.

SIEBEN Die Ganache in einen Spritzbeutel mit Lochtülle füllen und auf die Hälfte der Macaronschalen bis zum Rand dressieren. Dann die restlichen Macaronschalen vorsichtig aufdrücken. In einer Box gekühlt bis zu 7 Tage haltbar.

MENGE: *40–50 Stück*
ZUBEREITUNGSZEIT: *75 Min. + 90 Min. Trockenzeit + 30 Min. Kühlzeit*
BACKEN: *14–16 Min. bei 160 °C Ober-/Unterhitze*
UTENSILIEN: *Spritzbeutel mit Lochtülle 10–12 mm Ø ✦ Backblech mit Backpapier oder Silikonbackmatte*

Dunkle Minigugel

FRÜCHTE 180 g Cranberrys ✦ 80 g Kirschsaft
VORTEIG 20 g frische Hefe ✦ 120 g lauwarmes Wasser ✦ 160 g Weizenmehl Type 550
HAUPTTEIG etwas Butter für die Förmchen ✦ 260 g Weizenmehl Type 550 ✦ 80 g Kakaopulver ✦ 50 g frische Hefe ✦ 90 ml lauwarme Milch ✦ 90 g brauner Zucker ✦ 3 Prisen Salz ✦ 1 Msp. Zimt ✦ 3 Eigelbe (60 g) ✦ 120 g weiche Butter ✦ 30 g Zartbitterschokolade, klein gehackt
ZUM SERVIEREN etwas Kakaopulver

EINS Die Cranberrys am Vortag mit dem Kirschsaft vermischen und abgedeckt bei Raumtemperatur ziehen lassen. Ebenfalls am Vortag für den Vorteig die Hefe mit Wasser und Mehl mischen. Abgedeckt über Nacht im Kühlschrank gehen lassen.

ZWEI Am Backtag die Formen dünn buttern. Für den Hauptteig Mehl und Kakaopulver mischen und sieben. Hefe, Milch, Zucker, Salz und Zimt in einer Schüssel mischen. Dann die Mehlmischung, Eigelb und den Vorteig hinzugeben und alles 4–5 Minuten gründlich durchkneten. Anschließend die Butter unterkneten, bis der Teig weich und geschmeidig ist. Zuletzt Schokolade und Cranberrys unterkneten.

DREI Den Teig in 10 gleiche Portionen teilen, diese zu Kugeln formen und mit einem Kochlöffelstiel in die Mitte ein Loch einstechen. In die Formen legen. Abgedeckt 60–90 Minuten bei Raumtemperatur zur doppelten Größe aufgehen lassen.

VIER Den Backofen auf 190 °C Ober-/Unterhitze vorheizen. Die Küchlein auf der mittleren Schiene 15–18 Minuten backen. Kurz ausdampfen lassen, dann zum Abkühlen aus den Förmchen nehmen. Mit etwas Kakaopulver bestäubt servieren.

Helle Minigugel

FRÜCHTE 180 g Rosinen ✦ 80 ml Orangensaft
VORTEIG 20 g frische Hefe ✦ 120 ml lauwarmes Wasser ✦ 160 g Weizenmehl Type 550
HAUPTTEIG etwas Butter für die Förmchen ✦ 340 g Weizenmehl Type 550 ✦ 50 g frische Hefe ✦ 90 g lauwarme Milch ✦ 90 g brauner Zucker ✦ 3 Prisen Salz ✦ Mark von 1 Vanilleschote ✦ ½ gestr. TL (2 g) Tonkabohnenabrieb ✦ 4 Eigelbe (80 g) ✦ 120 g weiche Butter ✦ 30 g weiße Schokolade, klein gehackt
ZUM SERVIEREN etwas Puderzucker

EINS Die Rosinen am Vortag mit dem Orangensaft vermischen und abgedeckt bei Raumtemperatur ziehen lassen. Ebenfalls am Vortag für den Vorteig die Hefe mit Wasser und Mehl mischen. Abgedeckt über Nacht im Kühlschrank gehen lassen.

ZWEI Am Backtag die Formen dünn buttern. Für den Hauptteig das Mehl sieben. Hefe, Milch, Zucker, Salz, Vanillemark und Tonkaabrieb in einer Schüssel mischen. Dann Mehl, Eigelb und den Vorteig hinzugeben und alles 4–5 Minuten gründlich durchkneten. Anschließend die Butter unterkneten, bis der Teig weich und geschmeidig ist. Zuletzt Schokolade und Rosinen unterkneten.

DREI Den Teig weiterverarbeiten wie links in Schritt 3 und 4. Mit etwas Puderzucker bestäubt servieren.

MENGE: *12–15 Stück*
ZUBEREITUNGSZEIT: *45 Min. + Reifezeit Vorteig über Nacht, Hauptteig 60–90 Min. + Ziehzeit Beeren 4 Std.*
BACKEN: *15–18 Min. bei 190 °C Ober-/Unterhitze*
UTENSILIEN: *12–15 kleine Gugelhupfförmchen mit ca. 7 cm Ø (70 ml)*

Knusperwindbeutel

mit Mokka-Schokoladen-Creme

CRAQUELINEMASSE 50 g Weizenmehl Type 550 ✦ 30 g Kakaopulver ✦ 85 g brauner Zucker ✦ 65 g Butter
BRANDMASSE 70 g Weizenmehl Type 550 ✦ 15 g Kakaopulver ✦ 170 ml Milch ✦ 10 g Zucker ✦ 75 g Butter ✦ 1 Prise Salz ✦ 3 Eier (150 g)
MOKKACREME 170 ml Milch ✦ 35 g Butter ✦ 25 g Zucker ✦ 25 g Kaffeebohnen, zerstoßen ✦ 35 g Sahne ✦ 1 Eigelb (20 g) ✦ 15 g Weizenstärke ✦ 80 g Vollmilchschokolade, klein gehackt
DEKORIEREN etwas temperierte Vollmilchschokolade

EINS Für die Craquelinemasse Mehl, Kakaopulver, Zucker und Butter in einer Schüssel zu einem glatten, weichen Teig verkneten. Zwischen 2 Backpapieren circa 1 Millimeter dünn ausrollen und mit dem Papier für 30 Minuten in den Gefrierschrank legen.

ZWEI Für die Brandmasse Mehl und Kakaopulver mischen und sieben. Milch, Zucker, Butter und Salz in einem Topf aufkochen. Dann unter ständigem Rühren mit einem Kochlöffel die Mehl-Kakao-Mischung einarbeiten. Für 3–4 Minuten bei mittlerer Hitze abrösten, bis sich die Masse vom Topf löst und eine festere Konsistenz hat.

DREI Die Masse in eine Rührschüssel geben und zum Abkühlen mit dem Flachrührer der Küchenmaschine oder den Knethaken des Handmixers für 2 Minuten kneten. Den Backofen auf 175 °C vorheizen.

VIER Die Brandmasse in einen Spritzbeutel mit großer Lochtülle füllen und auf 2 Backblechen mit Backpapier 30 Tupfen dressieren, dabei sollten 15 Stück etwa 2 Zentimeter und 15 Stück 5 Zentimeter Durchmesser haben *(Bild 1, S. 46).*

FÜNF Die Craquelinemasse aus dem Gefrierschrank nehmen und mit einem runden Ausstecher Kreise daraus ausstechen *(Bild 2, S. 46)*, auf die Brandmassetupfen legen und leicht andrücken *(Bild 3, S. 46).*

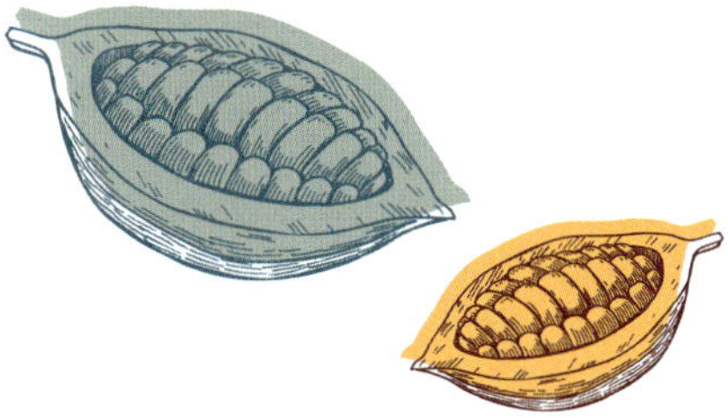

TIPP Die Kruste, mit der diese Windbeutel gebacken werden, nennt man »Craqueline«. Sie ist eine Besonderheit aus Frankreich und sorgt dafür, dass die Windbeutel außen herrlich knusprig werden. Wer es nicht so schokoladig mag, kann die 30 Gramm Kakaopulver durch 35 Gramm Weizenmehl ersetzen.

FÜNF Eine kleine ofenfeste Schüssel mit Wasser auf den Boden des Backofens stellen. Die Windbeutel auf mittlerer Schiene für etwa 20 (große Tupfen)/18 (kleine Tupfen) Minuten backen, bis sie eine knusprige Oberfläche haben. Dabei nach circa 15/12 Minuten, aber erst, wenn die Windbeutel schön aufgegangen sind, kurz die Ofenklappe öffnen, den Dampf entweichen lassen und die Wasserschüssel herausnehmen. Nach dem Backen auf einem Gitter vollständig auskühlen lassen.

SECHS Für die Mokkacreme Milch, Butter und Zucker in einem kleinen Topf aufkochen. Kaffeebohnen hinzugeben und 15 Minuten ziehen lassen. Anschließend abseihen und die Milch nochmals aufkochen.

SIEBEN Sahne mit Eigelb und Weizenstärke glattrühren und unter ständigem Rühren in die Milch einlaufen und einmal mit aufkochen lassen, bis die Mischung cremig bindet. Vom Herd nehmen und die Schokolade unterrühren, bis sie sich aufgelöst hat. Die Creme zum Schluss mit einem Pürierstab mixen, dann mit Folie abgedeckt 30 Minuten bei Raumtemperatur abkühlen lassen.

ACHT Die Creme in einen Spritzbeutel mit Fülltülle geben und alle Windbeutel gleichmäßig befüllen, dabei von unten einstechen. Immer jeweils 2 unterschiedlich große Windbeutel mit etwas temperierter Schokolade aufeinanderkleben. Nach Wunsch mit einem feinen Schokoladenblättchen (→ S. 107) dekorieren.

MENGE: *15 Stück*
ZUBEREITUNGSZEIT: *65 Min. + 30 Min. Kühlzeit*
Backen: 18–20 Min. bei 175 °C Ober-/Unterhitze
UTENSILIEN: *Backpapier ✦ Spritzbeutel mit Lochtülle 12 mm Ø und Fülltülle 4 mm Ø ✦ Backblech mit Backpapier ✦ runder Ausstecher 2 cm Ø*

Schokoladencroissants

TEIG 25 g frische Hefe ✦ 15 g Zucker ✦ 1 geh. TL (8 g) Salz ✦ 40 ml lauwarme Milch ✦ 550 g Weizenmehl Type 550 + etwas zum Arbeiten ✦ 75 g stark entöltes Kakaopulver ✦ 310 g kaltes Wasser ✦ 1 Eigelb (20 g) ✦ 40 g weiche Butter ✦ 250 g kalte Butter zum Einziehen

EISTREICHE 2 Eigelbe (40 g) ✦ 1 TL Milch

EINS Für den Teig Hefe, Zucker und Salz mit der Milch mischen. Anschließend sofort Mehl, Kakaopulver, Wasser und Eigelb in eine Rührschüssel geben, die Hefemilch hinzugeben und alle Zutaten einige Minuten gründlich verkneten. Dann die Butter nach und nach in Flöckchen hinzugeben und weiter kräftig kneten, bis ein weicher, geschmeidiger Teig entstanden ist. Den Teig in Folie einschlagen und für 30 Minuten kühlen.

ZWEI Nun die Butter zum Einziehen mit etwas Mehl bestäuben und mit dem Rollholz quadratisch auf 15 × 15 Zentimeter ausrollen. Den gekühlten Teig ebenfalls etwas mit Mehl bestäuben und auf 15 × 30 Zentimeter ausrollen. Die Butterplatte mittig einlegen und von allen Seiten gleichmäßig in den Teig einschlagen.

DREI Das Butter-Teig-Paket nun der Länge nach auf 15 × 30 Zentimeter ausrollen, dann optisch dritteln und die Drittel übereinander einschlagen, sodass man am Ende drei Lagen übereinander hat. Für 15 Minuten kühlen. Diesen Schritt noch zweimal wiederholen.

VIER Den Teig nun auf einer bemehlen Arbeitsfläche auf 15 × 55 Zentimeter ausrollen. 12 sehr spitze Dreiecke mit den Maßen 15 × 15 × 8 Zentimeter ausschneiden. Diese von der kurzen Seite her Richtung Spitze aufwickeln. Die Croissants auf ein Backblech mit Backpapier verteilen und bei Raumtemperatur in 60 bis 90 Minuten zur doppelten Größe aufgehen lassen.

FÜNF Den Backofen rechtzeitig auf 190 °C Ober-/Unterhitze vorheizen. Für die Eistreiche Eigelb und Milch verquirlen. Die fertig aufgegangenen Croissants dünn mit Eistreiche bepinseln und für 18–20 Minuten auf der mittleren Schiene knusprig backen (Foto → S. 48).

MENGE: *12 Stück*
ZUBEREITUNGSZEIT: *60 Min. + 75 Min. Kühlzeit + 90 Min. Gehzeit*
BACKEN: *18–20 Min. bei 190 °C Ober-/Unterhitze*
UTENSILIEN: *Blech mit Backpapier*

Schokoladenschnecken

aus Hefeteig mit Haselnuss-Nougat-Füllung

HEFETEIG 145 ml lauwarme Milch ✦ 45 g Zucker ✦ ½ Würfel (20 g) frische Hefe ✦ 350 g Weizenmehl Type 550 ✦ Mark von 1 Vanilleschote ✦ 3 Prisen Salz ✦ 1 Ei (55 g) ✦ 85 g Butter

FÜLLUNG 45 g Zartbitterschokolade, klein gehackt ✦ 20 g Haselnussnougat ✦ 125 g Milch ✦ 15 g Zucker ✦ 1 Prise Salz ✦ 1 Eigelb (20 g) ✦ 20 g gemahlene Haselnüsse ✦ 10 g Butter

AUSSERDEM 50 g Butter ✦ 15 g Zucker ✦ 1 TL Zimt

EINS Für den Hefeteig lauwarme Milch, Zucker und Hefe verquirlen und für 15 Minuten abgedeckt an einen warmen Ort stellen.

ZWEI Währenddessen für die Schokoladenfüllung die gehackte Zartbitterschokolade mit dem Nougat in eine Schüssel füllen. Milch, Zucker, Salz und Eigelb *zur Rose abziehen* (→ S. 21), durch ein feines Sieb passieren und über die Schoko-Nougat-Mischung gießen. Gründlich verrühren, bis die Schokolade geschmolzen ist. Dann die gemahlenen Haselnüsse hinzugeben und zuletzt die Butter unterrühren. Alle Zutaten mit einem Pürierstab mixen. Füllung beiseitestellen.

DREI Für den Hefeteig die restlichen Zutaten in eine Schüssel geben, die Hefemilch dazugießen und alle Zutaten gründlich zu einem geschmeidigen Teig verkneten. Abgedeckt 10 Minuten entspannen lassen, dann auf einer bemehlten Arbeitsfläche auf 50 × 50 Zentimeter ausrollen.

VIER Den Teig mit der Haselnussfüllung bestreichen und dann zu einer Rolle aufwickeln. In 7 gleichmäßige Stücke schneiden. Die Schnecken mit einer Schnittfläche nach oben auf ein Backblech mit Backpapier setzen. Bei Raumtemperatur etwa 30 Minuten gehen lassen.

FÜNF Den Backofen auf 190 °C vorheizen. Die Schnecken auf der mittleren Schiene für 18–20 Minuten goldbraun backen. Währenddessen die Butter schmelzen. Zucker und Zimt mischen. Sobald die Schnecken aus dem Ofen kommen, dünn mit Butter bepinseln und mit Zimtzucker bestreuen.

MENGE: *7 Stück*
ZUBEREITUNGSZEIT: *65 Min. + ca. 60 Min. Teigruhe*
BACKEN: *18–20 Min. bei 190 °C Ober-/Unterhitze*
UTENSILIEN: *Backblech mit Backpapier*

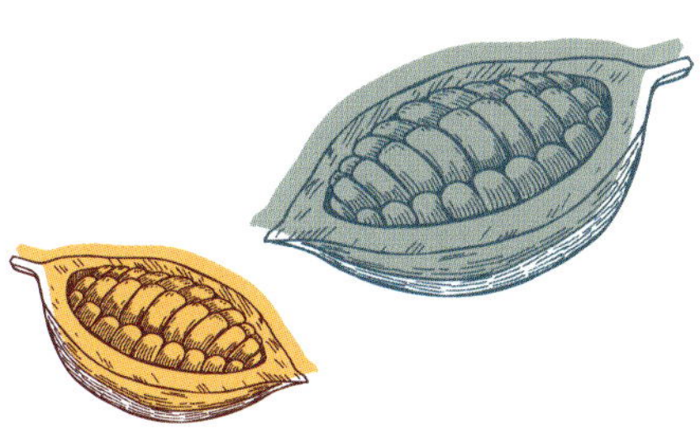

Schokoladenscones

mit Johannisbeeren und Amaranth

TEIG 480 g Weizenmehl Type 550 ✦ 1 EL (18 g) Backpulver ✦ 40 g brauner Zucker ✦ 1 Prise Salz ✦ 2 Eier (50 g) ✦ 120 g weiche Butter ✦ 250 g Vollmilchjoghurt ✦ 30 g Zartbitterschokolade, klein gehackt ✦ 30 g getrocknete Schwarze Johannisbeeren ✦ 30 g Amaranth, gepoppt
EISTREICHE 3 Eigelbe (60 g) ✦ 1 EL Milch

EINS Mehl und Backpulver mischen und in eine Schüssel sieben. Zucker, Salz und Eier gründlich untermischen, dann die Butter unterkneten. Zuletzt Joghurt, gehackte Schokolade, Schwarze Johannisbeeren und Amaranth einarbeiten. Den Teig in Folie gewickelt für 60 Minuten im Kühlschrank ruhen lassen.

ZWEI Backofen auf 175 °C Ober-/Unterhitze vorheizen. Für die Eistreiche Eigelbe und Milch verquirlen. Den Teig mit einem Rollholz zu einem etwa 40 × 25 Zentimeter großen Rechteck ausrollen und mit der Eistreiche bepinseln.

DREI Runde Scones ausstechen und auf ein Backblech mit Backpapier legen. Auf der mittleren Schiene goldbraun backen. Kurz auf dem Blech abkühlen lassen.

MENGE: *40 Stück*
ZUBEREITUNGSZEIT: *35 Min. + 60 Min. Teigruhe*
BACKEN: *10–12 Min. bei 175 °C Ober-/Unterhitze*
UTENSILIEN: *runder Ausstecher ca. 5 cm Ø (z. B. Glas)* ✦ *Backblech mit Backpapier*

Tipp

Scones sind für mich das Highlight jedes Afternoon-Teas in England. In diesem Rezept habe ich den Klassiker mit dunkler Schokolade, fruchtigen Beeren und nussigem Amaranth kombiniert. Am besten schmecken sie lauwarm mit Clotted Cream und Konfitüre serviert. Deshalb die Scones ausstechen und ungebacken einfrieren. Wenn überraschend Gäste kommen oder akute Gelüste auftreten, kurz auftauen lassen und frisch backen.

Schokolade zum Frühstück

Was kann es Schöneres geben, als mit dem Aroma von Schokolade auf den Lippen in den Tag zu starten? Für ein luxuriöses Sonntagsfrühstück, aber auch für kleine Glücksmomente im Alltag eignen sich diese süßen Rezepte. Denn Schokolade macht glücklich, heißt es!

Schokoladen-Himbeer-Konfitüre

150 g weiße Schokolade, klein gehackt ✦ 1000 g Himbeeren ✦ Saft und Abrieb von ½ unbehandelten Zitrone ✦ 500 g Zucker ✦ Mark von ½ Vanilleschote ✦ 10 g Apfelpektin

EINS Die weiße Schokolade auf dem Wasserbad schmelzen. Himbeeren mit Zitronensaft und -abrieb, Zucker und Vanillemark in einem großen Topf füllen, mit dem Pürierstab mixen und anschließend einmal aufkochen. Nun das Pektin hinzugeben und die Marmelade unter ständigem Rühren 3 Minuten sprudelnd kochen lassen.

ZWEI Die Konfitüre vom Herd nehmen, die weiße Schokolade unterrühren und die Mischung kochend heiß in die vorbereiteten Marmeladengläser einfüllen. Sofort verschließen, abkühlen lassen und am nächsten Tag zum Frühstück genießen. Verschlossen und gekühlt mindestens 8 Wochen haltbar.

MENGE: *ca. 1,5 kg*
ZUBEREITUNGSZEIT: *40 Min.*
UTENSILIEN: *6 Marmeladengläser à ca. 250 ml, frisch sterilisiert*

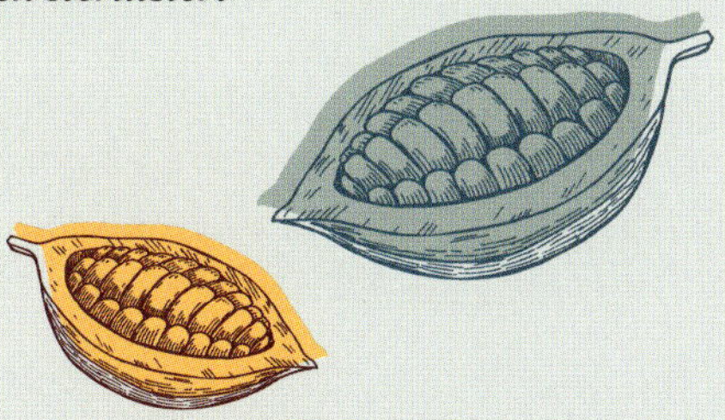

Schokoladen-Orangen-Aufstrich

100 g Haselnüsse, fein gehackt ✦ 150 g Sahne ✦ Mark von 1 Vanilleschote ✦ 1 Prise Tonkabohnenabrieb ✦ 220 ml Orangensaft ✦ 150 g brauner Zucker ✦ 120 g Honig ✦ 120 g Vollmilchschokolade, klein gehackt ✦ 60 g Zartbitterschokolade, klein gehackt ✦ 90 g Haselnussnougat ✦ 40 g zimmerwarme Butter

EINS Den Backofen auf 180 °C Ober-/Unterhitze vorheizen. Die Haselnüsse auf einem Backblech mit Backpapier gleichmäßig verteilen und 8 Minuten rösten.

ZWEI Sahne mit Vanillemark und Tonkaabrieb aufkochen, dann vom Herd nehmen. Orangensaft mit Zucker und Honig zum Kochen bringen und auf mittlerer Stufe 5 Minuten offen etwas einreduzieren lassen. Vollmilch- und Zartbitterschokolade auf dem Wasserbad schmelzen.

DREI Vanillesahne und Orangensud mischen, dann mit einem Spatel nach und nach unter die flüssige Schokolade rühren. Zuletzt Nougat und Butter hinzugeben und alles mit einem Pürierstab mixen. Dann die gerösteten Nüsse unterrühren.

VIER Die Ganache in Marmeladengläser füllen. Sobald sie abgekühlt ist, Gläser verschließen und über Nacht im Kühlschrank durchziehen lassen.

Kühl gelagert ist sie bis zu 6 Wochen haltbar.

MENGE: *ca. 1 kg*
ZUBEREITUNGSZEIT: *45 Min.*
UTENSILIEN: *Backblech mit Backpapier ✦ 5 Marmeladengläser à ca. 200 ml, frisch sterilisiert*

Schokoladen-Bananen-Smoothie

30 g Chiasamen + etwas zum Servieren ✦ 200 g Mandelmilch, alternativ Vollmilch ✦ 2 große, reife Bananen ✦ 50 g Cashewkerne, klein gehackt ✦ 50 g Zartbitterschokolade, klein gehackt ✦ 200 g Naturjoghurt ✦ 20 g Blütenhonig ✦ 150 g Mineralwasser ✦ 1 Prise Zimt

EINS Die Chiasamen in die kalte Mandelmilch rühren und etwa 15 Minuten quellen lassen. Die Bananen schälen, klein schneiden und 4 Scheiben zum Dekorieren zur Seite legen.

ZWEI Sobald die Chiasamen fertig aufgequollen sind, alle Zutaten in einen Küchenmixer geben und 4–5 Minuten gründlich mixen.

DREI Den Smoothie in 4 Gläser füllen, mit Bananenscheibe und Chiasamen dekorieren und ganz frisch zum Frühstück servieren.

MENGE: *4 Portionen*
ZUBEREITUNGSZEIT: *10 Min. + 15 Min. Quellzeit*
UTENSILIEN: *Küchenmixer*

Tipp

Das Granola lässt sich ganz nach Geschmack variieren: Die Nüsse und Kerne kann man mit anderen Lieblingssorten ergänzen und tauschen. Im Sommer schmeckt es toll mit weißer Schokolade, getrockneten Mangostückchen statt Cranberrys und feinen Kokosflocken (40 Gramm mitrösten).

Schokoladen-granola

65 g Ahornsirup ✦ 25 g Blütenhonig ✦ 150 ml Rapsöl ✦ Mark von 1 Vanilleschote ✦ 1 Msp. Zimt ✦ 1 Prise Salz ✦ 400 g kernige Haferflocken ✦ 80 g Haselnüsse ✦ 60 g Cashewkerne ✦ 60 g Pekannüsse ✦ 60 g Mandeln ✦ 150 g Zartbitterschokolade, klein gehackt ✦ 150 g getrocknete Cranberrys

EINS Den Backofen auf 175 °C Ober-/Unterhitze vorheizen. Ein Backblech mit Backpapier belegen. Ahornsirup, Blütenhonig und Rapsöl in einem Topf aufkochen und dann 3 Minuten auf mittlerer Hitze offen köcheln lassen. Vom Herd nehmen und Vanillemark, Zimt und Salz gründlich unterrühren.

ZWEI Nun mit einem Spatel Haferflocken, Nüsse, Kerne und Mandeln nach und nach mit dem Zuckersirup vermischen. Die Mischung gleichmäßig mit einem Spatel auf dem vorbereiteten Backblech verteilen.

DREI Etwa 15 Minuten auf der mittleren Schiene goldbraun backen. Während des Backens das Müsli immer wieder wenden, damit alles schön gleichmäßig geröstet wird. Auf dem Blech auskühlen lassen, anschließend mit der gehackten Zartbitterschokolade und den Cranberrys vermischen. In einer luftdichten Dose oder einem Müsliglas aufbewahrt hält sich das Granola bis zu 8 Wochen.

MENGE: *ca. 1,2 kg*
ZUBEREITUNGSZEIT: *45 Min.*
BACKEN: *15–18 Min. bei 175 °C bei Ober-/Unterhitze*
UTENSILIEN: *Backblech mit Backpapier*

Heiße Schokolade mit Gewürzen

60 g brauner Zucker ✦ ½ TL Zimt + etwas zum Servieren ✦ ¼ TL Cayennepfeffer ✦ 1 getrocknete Chilischote ✦ Mark von 1 Vanilleschote ✦ ¼ TL edelsüßes Paprikapulver ✦ 250 ml Milch ✦ 230 g Zartbitterschokolade, Kakaogehalt mind. 75 %, klein gehackt ✦ 900 ml Milch

EINS Den braunen Zucker zusammen mit allen Gewürzen in einen Mörser füllen und die Zutaten fein und gründlich miteinander vermischen.

ZWEI Die kleine Menge Milch in einem großen Topf einmal aufkochen und die Zucker-Gewürzmischung hinzugeben. Vom Herd nehmen und die Schokoladenstückchen einrühren, bis eine cremige Ganache entstanden ist.

DREI Die zweite Menge Milch aufkochen und anschließend mit der Gewürzganache mischen. Heiß und nach Belieben mit Zimt bestäubt servieren.

MENGE: *6 Portionen*
ZUBEREITUNGSZEIT: *25 Min.*

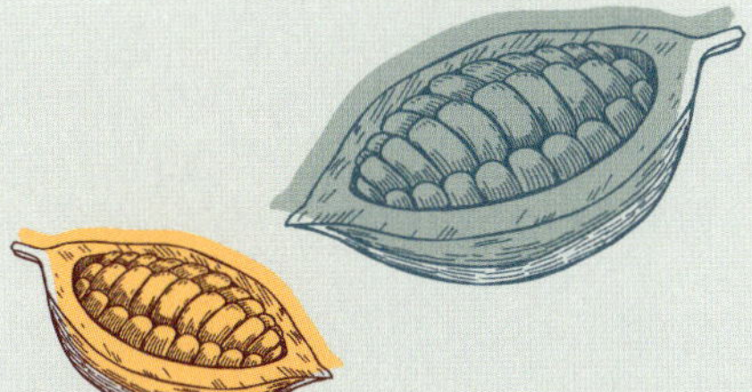

Schokoladenwissen

Kakao kommt ursprünglich aus Südamerika und bereits die Azteken bereiteten daraus einen würzigen Trunk, den »Xocolatl«, zu. In Anlehnung an diese Überlieferung ist unsere heiße Schokolade mit Gewürzen aus Südamerika verfeinert.

Großer Genuss

TARTES, TÖRTCHEN UND TORTEN

Schokoladen-Chili-Törtchen

mit Himbeeren

SCHOKOLADENMÜRBETEIG → S. 22, einfache Menge
FÜLLUNG 1 große Chilischote, fein gehackt ✦ 250 g Sahne ✦ 250 ml Milch ✦ 45 g Zucker ✦ 5 Eigelbe (100 g) ✦ 250 g Zartbitterschokolade, klein gehackt
AUSSERDEM 450 g frische Himbeeren (ca. 60 Stück)

EINS Den Backofen auf 180 °C Ober-/Unterhitze vorheizen. Für die Tartelettes zuerst das Grundrezept *Schokoladenmürbeteig* herstellen. 10 Kreise ausstechen, die Tartletteformen damit auslegen und in 8 Minuten knusprig backen. Auskühlen lassen und vorsichtig aus den Förmchen lösen.

ZWEI Für die Füllung Chili mit Sahne und Milch aufkochen. Vom Herd nehmen und zugedeckt 15 Minuten ziehen lassen. Die Chilimilch abseihen und anschließend mit Zucker und Eigelb *zur Rose abziehen* (→ S. 21).

DREI Die heiße Creme durch ein feines Sieb streichen, in einer Schüssel über die gehackte Zartbitterschokolade gießen und rühren, bis sich die Schokolade gelöst hat. Die Creme zum Schluss mit einem Stabmixer mixen.

VIER Die Mürbeteigtartelettes randhoch mit Schokoladencreme füllen. Mindestens 60 Minuten kühlen. Zum Servieren mit frischen Himbeeren belegen.

MENGE: *10 Stück*
ZUBEREITUNGSZEIT: *65 Min. + 60 Min. Kühlzeit*
BACKEN: *8 Min. bei 180 °C Ober-/Unterhitze*
UTENSILIEN: *runder Ausstecher ca. 12 cm Ø ✦ 10 Tartelettförmchen 8 cm Ø*

Tipp

Besonders gut schmecken die Törtchen, wenn die Himbeeren mit Himbeerkonfitüre gefüllt werden. Hierfür eignet sich beispielsweise die *Schokoladen-Himbeer-Konfitüre* von S. 53.

Weiße Schokoladentarte

mit frischen Beeren

AUFSCHLAGGANACHE → S. 20, halbe Menge
FRANCHIPANMASSE 100 g weiße Schokolade, klein gehackt ✦ 100 g Butter ✦ 90 g brauner Zucker ✦ Mark von 1 Vanilleschote ✦ 115 g Marzipanrohmasse ✦ 1 großes Ei (60 g) ✦ 10 ml Amaretto ✦ 110 g gemahlene blanchierte Mandeln
BUTTERMÜRBETEIG → S. 22, halbe Menge
ZUM DEKORIEREN ca. 250 g frische gemischte Beeren nach Geschmack

EINS Am Vortag das halbe Rezept *Aufschlag-ganache* von S. 20 herstellen.

ZWEI Für die Franchipanmasse die weiße Schokolade auf dem Wasserbad schmelzen. Währenddessen die Butter mit dem braunen Zucker, dem Vanillemark und dem Marzipan in eine Rührschüssel geben und hell-cremig aufschlagen.

DREI Sobald die Buttermasse etwas aufgeschlagen ist, Eier und Amaretto hinzugeben und sorgfältig mit mixen. Anschließend die gemahlenen Mandeln unterrühren. Zuletzt die flüssige Schokolade einarbeiten. Die fertige Masse in einen Spritzbeutel mit großer Lochtülle füllen.

VIER Für die Mürbeteighüllen das halbe Grundrezept *Buttermürbeteig* von S. 22 herstellen und 2 gebutterte und mit Mehl ausgestäubte Tarteformen auskleiden. Die Ränder glatt abschneiden. Den Backofen auf 180 °C Ober-/Unterhitze vorheizen.

FÜNF Die Tarteformen randhoch mit Franchipanmasse befüllen. Auf der mittleren Schiene etwa 15 Minuten backen, in der Form auskühlen lassen und dann herausnehmen.

SECHS Zum Fertigstellen die ausgekühlten Tartes dünn mit der weißen Aufschlag-Ganache bestreichen. Anschließend mit vielen frischen Beeren belegen. Mit der restlichen Ganache tupfenförmig ausdekorieren.

MENGE: *2 kleine Tartes*
ZUBEREITUNGSZEIT *45 Min. + 30 Min. Kühlzeiten*
BACKEN: *15–18 Min. bei 180 °C Ober-/Unterhitze*
UTENSILIEN: *Spritzbeutel mit großer Lochtülle ✦ 2 ovale Tarteringe/-formen 14 × 5 cm oder 2 runde ca. 10 cm Ø*

Genießerwissen

Franchipan ist eine französische Tartefüllung, die mit besonders viel Marzipan und Butter hergestellt wird und nach dem Backen weich und wunderbar saftig ist. Die perfekte Grundlage für einen frischen Belag: Zur Süße der Mandeln passen wunderbar etwas säuerliche Beeren wie Himbeeren, Heidelbeeren und Brombeeren. Gerade im Frühsommer lässt sich diese Tarte aber auch wundervoll mit frischen Erdbeeren herstellen. Als Dekor passen frische Minzeblätter und Pistazien.

Birnentarte

mit Rotwein und dunkler Schokolade

SCHOKOLADENMÜRBETEIG → S. 22, halbe Menge
ROTWEINBIRNEN 4 Birnen (ca. 600 g), z. B. Williams Christ ✦ 200 ml Rotwein ✦ 60 g brauner Zucker ✦ Abrieb von 1 unbehandelten Orangen ✦ je 1 Prise Zimt und Nelke ✦ 1 Sternanisfrucht
SCHOKOLADENMASSE 30 g Weizenmehl Type 550 ✦ 30 g Kakaopulver ✦ 90 g gemahlene Haselnüsse ✦ 50 g Butter ✦ 70 g Marzipanrohmasse ✦ 80 g brauner Zucker ✦ 1 TL Zimt ✦ 1 Prise Salz ✦ 4 Eier (200 g)
ZUM SERVIEREN 20 g Kakaonibs

EINS Für die Mürbeteighülle das Grundrezept *Schokoladenmürbeteig* von S. 22 herstellen. Eine runde Tarteform leicht buttern und fein mit Mehl bestreuen. Den Schokoladenmürbeteig zwischen 2 Backpapieren möglichst dünn ausrollen. In die Tarteform legen, die Ränder glatt abschneiden.

ZWEI Für die Rotweinbirnen die Früchte schälen, entkernen und in etwa 1 Zentimeter dicke Spalten schneiden. Den Rotwein zusammen mit dem Zucker und allen Gewürzen in einem Topf zum Kochen bringen. Vom Herd nehmen, die Birnenscheiben hineingeben und 10 Minuten ziehen lassen.

DREI Inzwischen für die Schokoladenmasse Mehl, Kakaopulver und Haselnüsse mischen. Die Butter mit Marzipan, dem braunen Zucker, dem Zimt und dem Salz in einer großen Rührschüssel leicht aufschlagen. Dann die Eier und die Mehlmischung abwechselnd nach und nach unter die Buttermasse rühren. Die fertige Schokoladenmasse in die vorbereitete Tarteform füllen und den Backofen auf 175 °C Ober-/Unterhitze vorheizen.

VIER Sobald die Birnen eine rötliche Farbe und ein feines Gewürzaroma angenommen haben, können sie aus dem Sud genommen und kreisförmig auf die vorbereitete Schokoladentarte gelegt werden. Die Tarte 30–35 Minuten auf der mittleren Schiene backen.

FÜNF Die Tarte zum Servieren aus der Form lösen und mit den Kakaonibs bestreuen.

MENGE: *1 große Tarte*
ZUBEREITUNGSZEIT: *65 Min.*
BACKEN: *30–35 Min. bei 175 °C Ober-/Unterhitze*
UTENSILIEN: *1 runde Tarteform 24 cm Ø ✦ Backpapier*

Tipp

Wie man den Glanz vom Foto hinbekommt? Ganz einfach durch Aprikotieren. Dazu ungefähr 2 Esslöffel Aprikosenkonfitüre erhitzen, durch ein Sieb streichen und dann die Tarte damit bepinseln.

Schokoladen-Cheesecakes

mit Passionfruchtmousse

BUTTERMÜRBETEIG → S. 22, einfache Menge
KÄSEMASSE 45 g weiße Schokolade, klein gehackt ✦ 430 g Doppelrahmfrischkäse ✦ 95 g Zucker ✦ Abrieb von 1 unbehandelten Zitrone ✦ 1 Prise Salz ✦ 15 g Weizenmehl Type 550 ✦ 2 Eier (M, 100 g) ✦ 1 Eigelb (20 g) ✦ 25 g Sahne
FRUCHTMOUSSE 3 Passionsfrüchte ✦ 70 ml ungesüßte Kokosmilch ✦ 20 g Zucker ✦ 1 Eigelb (20 g) ✦ 25 g weiße Schokolade, klein gehackt ✦ 165 g Sahne
ZUM SERVIEREN 125 g frische Beeren

EINS Backofen auf 180 °C Ober-/Unterhitze vorheizen. Für die Böden das Grundrezept *Buttermürbeteig* herstellen. Die Backringe auf ein Blech mit Backpapier setzen. Den Teig nach der Kühlzeit etwa 2 Millimeter dünn ausrollen und Kreise mit 12 Zentimetern Durchmesser ausstechen. Die Tarteletteringe damit inklusive Rand auslegen. Die Böden in 8 Minuten goldbraun und knusprig – am besten blind (→ S. 21) – backen. In den Ringen etwas auskühlen lassen.

ZWEI Für die Käsemasse zuerst die Schokolade auf dem Wasserbad schmelzen. Sie sollte nur handwarm sein. Frischkäse, Zucker, Zitronenabrieb und Salz in eine Rührschüssel geben, das Mehl darübersieben und alles zügig vermischen. Dann nach und nach Eier, Eigelb und Sahne und zuletzt die Schokolade unterrühren. Die Masse 20 Minuten kühlen, damit sie dick-cremig wird.

DREI Den Backofen auf 100 °C Ober-/Unterhitze vorheizen. Die Tarteringe mit den Böden randhoch mit Käsemasse füllen und für 35 Minuten auf der mittleren Schiene backen, bis sie gestockt ist. In der Form vollständig abkühlen lassen.

VIER Für die Passionsfruchtmousse die Früchte halbieren und das Fruchtmark auskratzen. Zusammen mit Kokosmilch, Zucker und Eigelb *zur Rose abziehen* (→ S. 21). Nebenbei die weiße Schokolade auf dem Wasserbad schmelzen und mit einem Schneebesen unter die fertig gebundene Fruchtcreme ziehen.

FÜNF Sahne steif schlagen und unter die Fruchtcreme ziehen. In kleine Silikonformen füllen und für mindestens 3 Stunden ins Gefrierfach stellen.

SECHS Zum Servieren Fruchtmousse aus den Formen lösen, nach Belieben mit gelber *Fruchtglaçage* (→ S. 21) überziehen und auf die Cheesecakes setzen. Etwa 30 Minuten antauen lassen, mit Beeren dekorieren und genießen.

MENGE: *10 Törtchen*
ZUBEREITUNGSZEIT: *etwa 2 Std. + 3 Std. Kühlzeit*
BACKEN: *Boden 8 Min. bei 180 °C Ober-/Unterhitze, Cheesecake 35 Min. bei 100 °C Ober-/Unterhitze*
UTENSILIEN: *10 Backringe 8 cm Ø, 2 cm hoch ✦ Blech mit Backpapier ✦ Ausstecher 12 cm Ø ✦ 10 kuppelförmige Silikonformen 6 cm Ø, ca. 25 ml*

Opéraschnitten

mit Marzipan und Orange

PAIN DE GÊNES 100 g Butter ✦ 70 g Weizenmehl Type 550 ✦ 1 Msp. (2 g) Backpulver ✦ 375 g Marzipanrohmasse ✦ Mark von 1 Vanilleschote ✦ Abrieb von 3 unbehandelten Orangen ✦ 6 Eier (300 g) ✦ 50 g Orangeat

GANACHE 175 g Sahne ✦ 40 ml Orangensaft ✦ Abrieb von 2 unbehandelten Orangen ✦ 175 g Zartbitterschokolade, klein gehackt ✦ 175 g Vollmilchschokolade, klein gehackt ✦ 20 ml Orangenlikör ✦ 60 g zimmerwarme Butter

AUSSERDEM 25 g Kakaopulver ✦ 100 g Orangenkonfitüre nach Geschmack

EINS Für das Pain de Gênes den Backofen auf 170 °C Ober-/Unterhitze vorheizen. Den Backrahmen auf 12 × 24 Zentimeter einstellen. Die Butter schmelzen. Mehl mit Backpulver mischen und sieben. Marzipan, Vanillemark und Orangenabrieb in einer Rührschüssel nach und nach mit den Eiern aufschlagen. Anschließend die Mehlmischung untermischen.

ZWEI Die flüssige Butter und zuletzt das Orangeat in die Marzipanmasse einarbeiten. Die Masse in 3 gleich große Portionen teilen und 3 Böden nacheinander im vorbereiteten Backrahmen für 12 Minuten backen.

DREI Währenddessen für die Ganache die Sahne mit Orangensaft und -abrieb aufkochen. Zartbitter- und Vollmilchschokolade in eine Schüssel geben, mit der heißen Sahne übergießen und so lange rühren, bis sich die Schokolade gelöst hat und eine glatte Masse entstanden ist. Dann Orangenlikör und Butter hinzugeben und alles mit einem Pürierstab zu einer glänzenden, cremigen Ganache mixen. Etwa 10 Minuten kühlen, bis sie eine cremige Konsistenz hat.

VIER Zum Zusammensetzen der Opéraschnitte den Backrahmen säubern und erneut auf 12 × 24 Zentimeter einstellen. Einen der Böden einlegen und mit der Hälfte der Orangenkonfitüre bestreichen. Nun etwas weniger als ⅓ Ganache (ca. 200 g) darauf verteilen und mit der Palette glatt streichen. Diesen Schritt noch einmal wiederholen.

FÜNF Den letzten Boden auflegen und die restliche Ganache (ca. 320 g) darauf verteilen. Die Schicht sollte etwas dicker sein. Mit einem gezackten Teigschaber Wellenlinien einziehen. Dick mit Kakaopulver bestäuben und für mindestens 3 Stunden kühlen.

SECHS Den Backrahmen entfernen und Schnitten von 4 × 4 Zentimetern schneiden. Nach Belieben mit etwas Orangekonfitüre servieren oder mit kleinen Orangenecken (frisch oder kandiert) dekorieren.

MENGE: *18 kleine Schnitten*
ZUBEREITUNGSZEIT: *55 Min. + 3 Std. Kühlzeit*
BACKEN: *12 Min. bei 170 °C Ober-/Unterhitze*
UTENSILIEN: *Blech mit Backpapier ✦ verstellbarer Backrahmen 12 × 24 cm ✦ gezackter Teigschaber*

Schokoladentarte

mit Haselnusspraliné

SCHOKOLADENMÜRBETEIG → S. 22, halbe Menge
PRALINÉFÜLLUNG 200 g *Pralinémasse* (→ S. 20, halbe Menge mit Haselnüssen) ✦ 40 g Zartbitterschokolade, klein gehackt ✦ 40 g Vollmilchschokolade, klein gehackt ✦ 15 ml Rapsöl
GANACHE 120 g Zartbitterschokolade, 70 % Kakaoanteil, klein gehackt ✦ 50 g Haselnussnougat ✦ 125 g Sahne ✦ 125 ml Milch ✦ 25 g Zucker ✦ Mark von 1 Vanilleschote + leere Schote ✦ 2 Eigelbe (40 g)
ZUM SERVIEREN 100 g temperierte Vollmilchschokolade ✦ 2 Rispen Johannisbeeren ✦ 2 halbierte Haselnüsse

EINS Für die Tartehüllen das halbe Grundrezept *Schokoladenmürbeteig* herstellen. Den Backofen auf 180 °C Ober-/Unterhitze vorheizen. Die Tarteformen buttern und mit Mehl ausstreuen. Den Teig zwischen 2 Backpapieren möglichst dünn ausrollen, die Formen damit auslegen, die Ränder glatt abschneiden. Circa 12 Minuten blind backen (→ S. 22). Die Tartes in den Formen vollständig auskühlen lassen.

ZWEI Für die Pralinéfüllung 200 Gramm Grundrezept *Pralinémasse* mit Haselnüssen herstellen. Die Zartbitter- und Vollmilchschokolade auf dem Wasserbad schmelzen, mit dem Öl zur Haselnusspraliné geben und 2 Minuten kräftig mixen. Die Mürbeteigtartes je zur Hälfte damit füllen und mit einer Palette die Oberfläche glätten. Für einige Minuten kühlen, bis die Pralinéschicht etwas fester geworden ist.

DREI Inzwischen für die Ganache Schokolade und Nougat in eine Schüssel geben. Sahne und Milch mit Zucker, Vanillemark und der ausgekratzten Schote aufkochen. Die Vanilleschote herausnehmen. Die Eigelbe mit der heißen Vanillesahne *zur Rose abziehen* (→ S. 21).

VIER Anschließend durch ein feines Sieb über die Schoko-Nougat-Mischung gießen und rühren, bis eine homogene Masse entstanden ist. Zum Schluss mit dem Pürierstab glatt mixen. Die Tartes bis zum Rand mit der noch warmen, weichen Ganache befüllen. Dabei leicht an die Form klopfen, damit Luftbläschen entweichen können. Für 2 Stunden kühlen. Dann können die Formen entfernt werden.

FÜNF Zum Dekorieren die temperierte Vollmilchschokolade in ein kleines Spritztütchen füllen und feine Linien auf die Tartes spritzen. Nach Geschmack mit einigen frische Beeren und halbierten Haselnüssen dekorieren.

MENGE: *2 kleine Tartes*
ZUBEREITUNGSZEIT: *60 Min. + 2 Std. Kühlzeit*
BACKEN: *12 Min. bei 180 °C Ober-/Unterhitze*
UTENSILIEN: *Backblech ✦ Backpapier ✦ 2 ovale Tarteringe 14 × 5 cm Ø, alternativ 2 runde mit 10 cm Ø ✦ Hülsenfrüchte zum Blindbacken ✦ kleines Spritztütchen*

Almost-Naked-Cake

mit Schokoladencreme und Beerenfüllung

SCHOKOLADENBISKUIT → S. 23, 1,5-fache Menge
DUNKLE SCHOKOLADENGLAÇAGE → S. 21, halbe Menge
FRUCHTCREME 160 g frische Himbeeren ✦ 160 g frische Johannisbeeren ✦ 110 g Zucker ✦ 2 große Eier (120 g) ✦ 5 Eigelbe (100 g) ✦ 85 g weiße Schokolade, klein gehackt ✦ 200 g Butter
SCHOKOLADENCREME 150 g weiche Butter ✦ 60 g weiße Schokolade, klein gehackt
VERZIEREN 200–300 g frische Beeren nach Geschmack

EINS Für die Böden den Backofen auf 180 °C Ober-/Unterhitze vorheizen. Das 1,5-fache Grundrezept *Schokoladenbiskuit* zubereiten und auf 2 Springformen verteilen. 25 Minuten auf der mittleren Schiene backen. Nach dem Abkühlen 6 Böden schneiden. Das Grundrezept *dunkle Schokoladenglaçage* vorab herstellen und im Kühlschrank aufbewahren.

ZWEI Für die Fruchtcreme Himbeeren, Johannisbeeren und Zucker in einem Topf unter ständigem Rühren leicht erwärmen. Dann pürieren. Die Eier und Eigelbe verquirlen und mit dem Fruchtpüree *zur Rose abziehen* (→ S. 21). Anschließend durch ein feines Sieb passieren.

DREI Die gehackte weiße Schokolade unter die heiße Fruchtcreme rühren, bis sie sich aufgelöst hat. 30 Minuten kühlen. Dann die Butter in einer Rührschüssel hell-cremig aufschlagen und die abgekühlte Fruchtcreme nach und nach hinzugeben. Die fertige Creme in 5 Portionen aufteilen.

VIER Zum Zusammensetzen der Torte einen Boden in einen Tortenring oder den Rahmen der Springform legen und mit ⅕ Creme bestreichen. Diesen Schritt noch viermal wiederholen, dann den letzten Boden auflegen. Die Torte nun für 2 Stunden kühlen.

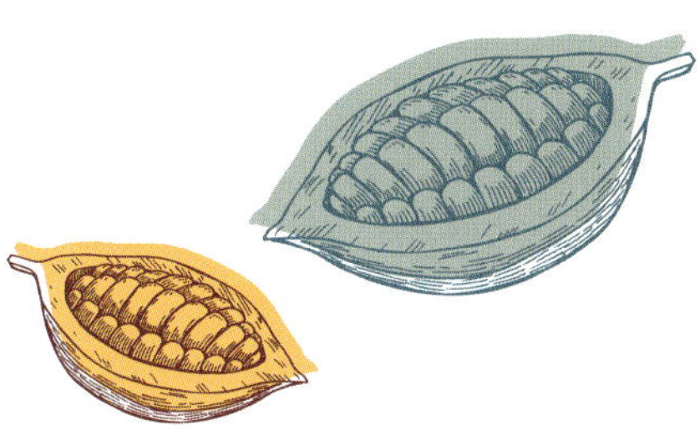

Schokolade enthält nur wenige Vitamine, daher sollte man besonders viel davon essen.

UNBEKANNT

FÜNF Nach der Kühlzeit für die Schokoladencreme die Butter hell-cremig aufschlagen. Währenddessen die Schokolade auf dem Wasserbad schmelzen und dann zügig unter die aufgeschlagene Butter rühren.

SECHS Den Ring von der durchgekühlten Torte lösen und diese dünn mit der Schokoladencreme bestreichen, sodass die Schokoladenböden noch leicht durchschimmern. Dazu die Creme erst oben auf der Torte verteilen *(Bild 1)*, dann ringsherum *(Bild 2)*. Zuletzt mit einer Palette oder einem Teigschaber die Seiten abziehen, so dass die Böden teilweise durchscheinen *(Bild 3)*. Die Torte für 15 Minuten kühlen.

SIEBEN Währenddessen die Glaçage auf 20 °C erwärmen, sodass sie dickflüssig ist. In einen Spritzbeutel mit sehr kleiner Öffnung füllen und die Glaçage am Rand der Torte tropfenförmig herunterlaufen lassen *(Bild 4)*.

ACHT Die Torte vor dem Servieren mit vielen frischen Beeren belegen. Besonders edel sieht sie mit Macarons, zum Beispiel den *Schokoladen-Macarons* von S. 41, und Schokoladenblättchen (→ S. 100, Schritt 1 Schokoladentrüffel) aus!

MENGE: *1 Torte*
ZUBEREITUNGSZEIT: *60 Min. + 3 Std. Kühlzeit*
BACKEN: *25 Min. bei 180 °C Ober-/Unterhitze*
UTENSILIEN: *1 Springform 24 cm Ø ✦ 1 Tortenring 24 cm Ø ✦ kleiner Spritzbeutel*

1

2

3

4

Apfeltörtchen

mit Cashewkernen, Estragon und weißer Schokolade

BUTTERMÜRBETEIG → S. 22, einfache Menge

BELAG 6 säuerliche Äpfel (geputzt ca. 950 g) ✦ 75 g Knollensellerie, fein geraspelt ✦ 60 g Sahne ✦ ½ TL getrockneter Estragon ✦ 40 g weiße Schokolade, klein gehackt ✦ 3 Eier (150 g) ✦ 90 g Zucker ✦ 20 g Speisestärke ✦ 60 g ungesalzene Cashewkerne, fein gemahlen ✦ 20 g flüssige Butter

EINS Für die Mürbeteigtartelettes den Backofen auf 180 °C Ober-/Unterhitze vorheizen. Das Grundrezept *Buttermürbeteig* herstellen. Zwischen zwei Lagen Backpapier dünn ausrollen und 10 Kreise ausstechen. Die gebutterten und bemehlten Tarteletteformen damit auslegen und 8 Minuten *blind backen* (→ S. 22), bis der Teig goldbraun ist. In den Förmchen abkühlen lassen.

ZWEI Für den Belag die Äpfel halbieren, entkernen und in feine Scheiben schneiden. Für 1 Minute in heißem Wasser blanchieren, sodass die Apfelscheiben elastisch werden. Sofort wieder aus dem Wasser nehmen und auf einem Blech oder Tablett abkühlen lassen.

DREI Für den Sahneguss die Sellerieraspel mit Sahne und Estragon in einem kleinen Topf aufkochen. Dann vom Herd nehmen und 20 Minuten ziehen lassen. In der Zwischenzeit die weiße Schokolade auf dem Wasserbad schmelzen.

VIER In einer Rührschüssel Eier, Zucker und Stärke glatt rühren. Den Sahne-Sellerie-Sud durch ein feines Sieb passieren, dann mit der Stärkemischung verrühren und anschließend Cashewkerne, flüssige Butter und geschmolzene Schokolade untermischen.

FÜNF Die Tartelettes jeweils zur Hälfte mit dem Guss befüllen. Dann die Äpfel blumenförmig darauf verteilen. Auf der mittleren Schiene bei 180 °C Ober-/Unterhitze für etwa 12 Minuten backen, bis der Guss gestockt ist. In den Förmchen vollständig auskühlen lassen.

MENGE: *10 Tartelettes*
ZUBEREITUNGSZEIT: *45 Min.*
BACKEN: *8 Min. und 12 Min. bei 180 °C Ober-/Unterhitze*
UTENSILIEN: *Backblech mit Backpapier ✦ runder Ausstecher 12 cm Ø ✦ 10 Tarteletteringe 9 cm Ø ✦ Blindbackutensilien*

Genießerwissen

In diesem Rezept kombiniere ich weiße Schokolade mit Estragon und Sellerie. Die würzige Knolle kennen Sie wahrscheinlich nur aus der herzhaften Küche. Sie verleiht dem Guss ein außergewöhnliches und feines Aroma und macht das Törtchen zu einem Apfelkuchen der ganz besonderen Art.

Schokoladenmousse-Torte

mit Himbeerkern

SCHOKOLADENBISKUIT → S. 23, halbe Menge
HIMBEERKERN 5 g Gelatinepulver ✦ 25 ml kaltes Wasser ✦ 85 g frische Himbeeren ✦ 45 g Muskovadozucker ✦ 2 Eigelbe (40 g) ✦ 125 g zimmerwarme Butter
MOUSSE 125 ml Milch ✦ 75 g Muscovadozucker ✦ Mark von 1 Vanilleschote ✦ 165 g Zartbitterschokolade aus Madagaskar, alternativ Zartbitterschokolade mit mind. 65% Kakaoanteil, klein gehackt ✦ 5 g Gelatinepulver ✦ 25 ml kaltes Wasser ✦ 190 g Sahne
DUNKLE SCHOKOLADENGLAÇAGE → S. 21, ganze Menge
ZUM SERVIEREN frische Beeren nach Geschmack

EINS Für die Tortenböden den Backofen auf 180 °C Ober-/Unterhitze vorheizen. Das halbe Grundrezept *Schokoladenbiskuit* herstellen und die Masse 25 Minuten in einer kleinen Springform backen. Auskühlen lassen.

ZWEI Für den Fruchtkern Gelatinepulver im kalten Wasser einweichen. Die Himbeeren pürieren und zusammen mit Muscovadozucker und Eigelb *zur Rose abziehen* (→ S. 21). Durch ein feines Sieb passieren. Die Gelatine auflösen, mit der Himbeercreme mischen und anschließend die Butter unterrühren. Die Fruchtcreme mit einem Pürierstab mixen, dann in die kleine Silikonform füllen. Für 2 Stunden in den Gefrierschrank geben.

DREI Für die Schokoladenmousse Milch, Muscovadozucker und Vanillemark aufkochen. Die Schokolade in eine Schüssel geben, mit der Vanillemilch übergießen und rühren, bis eine glatte Ganache entstanden ist. Mit Folie abgedeckt abkühlen lassen, bis sie anfängt, leicht fest zu werden.

VIER Gelatine im kalten Wasser einweichen, Sahne steif schlagen. Die Gelatine auflösen und unter die Ganache rühren. Zuletzt vorsichtig die Schlagsahne unterziehen. Die größere Silikonform zu ⅔ mit Mousse befüllen, dann den gefrorenen Himbeerkern aus seiner Form lösen und in die Mousse einlegen. Anschließend bis knapp unter den Rand mit der restlichen Mousse befüllen. Zum Schluss den Biskuitboden einlegen. Die Torte nun über Nacht in den Gefrierschrank geben.

FÜNF Für den Überzug das Grundrezept *dunkle Schokoladenglaçage* herstellen. Die Schokoladentorte aus der Form lösen, tiefgefroren mit der Glaçage überziehen und für mindestens 2 Stunden im Kühlschrank auftauen lassen. Zum Servieren mit frischen Beeren ausdekorieren.

MENGE: *1 kleine Torte*
ZUBEREITUNGSZEIT: *90 Min. + Kühlzeit 2 Std. und über Nacht + 2 Std. Auftauen vor dem Servieren*
BACKEN: *25 Min. bei 180 °C Ober-/Unterhitze*
UTENSILIEN: *Springform 20 cm Ø ✦ runde Silikonformen 18 cm Ø und 20 cm Ø*

Süßes Finale

HEISSE UND KALTE DESSERTS MIT SCHOKOLADE

Salzkaramellmousse

mit Karamellschokolade und Grapefruitkern

BUTTERMÜRBETEIG → S. 22, halbe Menge
FRUCHTKERN 90 g Grapefruitsaft ✦ 100 g Zucker ✦ 15 g Apfelpektin ✦ 150 g Grapefruitfilets
MOUSSE 115 g Karamellschokolade, klein gehackt ✦ 5 g Gelatinepulver ✦ 25 ml kaltes Wasser ✦ 210 g Sahne ✦ 1 Ei (50 g) ✦ 1 Eigelb (20 g) ✦ 15 g Zucker ✦ 1 Msp. Meersalz
FRUCHTGLAÇAGE → S. 21, doppelte Menge in Orange
ZUM SERVIEREN etwas geschlagene Sahne ✦ 8 Grapefruitfilets ✦ etwas Salz

EINS Für die Böden das halbe Grundrezept *Buttermürbeteig* herstellen. Den Backofen auf 185 °C Ober-/Unterhitze vorheizen. Den Mürbeteig dünn ausrollen, Kreise ausstechen und auf ein Blech mit Backpapier geben. Für 8 Minuten auf der mittleren Schiene knusprig backen.

ZWEI Für den Fruchtkern Grapefruitsaft, Zucker und Pektin in einen Topf geben, aufkochen und unter ständigem Rühren 3 Minuten zu einem festen Gelee kochen. Dann die Grapefruitfilets vorsichtig unterrühren und für 1 Minute mitkochen. Das Gelee vom Herd nehmen, in die kleinen Silikonformen füllen und für 3 Stunden im Gefrierschrank fest werden lassen.

DREI Für die Mousse die Karamellschokolade auf dem Wasserbad schmelzen. Gelatine in dem kalten Wasser einweichen. Sahne steif schlagen.

VIER Ei, Eigelb, Zucker und Salz sehr kräftig aufschlagen, damit die Masse schön cremig und stabil wird. Gelatine auflösen und sorgfältig unter die Eimasse mischen. Dann die flüssige Schokolade unterrühren und zuletzt die Sahne mit einem Spatel unterziehen.

FÜNF Die großen Silikonförmchen zu ⅔ mit Mousse befüllen. Die gefrorenen Grapefruitkerne aus den Förmchen lösen, in die Mousse einlegen und mit der restlichen Mousse bedecken. Über Nacht im Gefrierschrank fest werden lassen.

SECHS Die doppelte Menge des Grundrezepts *Fruchtglaçage* in Orange herstellen. Die Törtchen aus der Form lösen, rundum mit Glaçage überziehen und auf die Keksböden setzen. Zum Auftauen für 2 Stunden in den Kühlschrank stellen. Nach Wunsch mit einem Tupfen aufgeschlagener Sahne ausdekorieren und mit 1 Prise Salz und frischem Grapefruitfilet servieren.

MENGE: *8 Törtchen*
ZUBEREITUNGSZEIT: *90 Min. + 3 Std. und über Nacht Kühlzeit + 2 Std. Auftauzeit vor dem Servieren*
BACKEN: *8 Min. bei 185 °C Ober-/Unterhitze*
UTENSILIEN: *runder Ausstecher 7 cm Ø ✦ Backblech mit Backpapier ✦ je 8 Silikonformen 4 cm Ø (40 ml) und 6,5 cm Ø (80 ml)*

Weiße Schokoladenmousse

mit Erdbeeren und Basilikum

BÖDEN 70 g Marzipanrohmasse ✦ 4 Eigelbe (80 g) ✦ ½ Bund Basilikum, fein gehackt ✦ Mark von ½ Vanilleschote ✦ 4 Eiweiße (120 g) ✦ 100 g Zucker ✦ 1 Prise Salz ✦ 50 g Weizenmehl Type 550 ✦ 50 g Pistazien, fein gemahlen

FRUCHTEINLAGE 1–2 Schälchen möglichst kleine Erdbeeren, mind. 500 g

MOUSSE 10 g Gelatinepulver ✦ 40 g kaltes Wasser ✦ 120 g weiße Schokolade, klein gehackt ✦ 500 g Sahne ✦ 3 Eier (150 g) ✦ 200 g Zucker ✦ 50 ml Weißwein, z. B. Riesling ✦ ½ Bund Basilikum, fein gehackt

EINS Für die Böden den Backofen auf 175 °C Ober-/Unterhitze vorheizen. Marzipan, Eigelb, Basilikum und Vanillemark cremig aufschlagen. Eiweiß mit Zucker und Salz zu einem cremigen Schnee aufschlagen. Unter die Eigelbmasse ziehen und zuletzt Mehl und Pistazien unterheben. Die Biskuitmasse auf ein mit Backpapier belegtes Backblech streichen und für 12 Minuten auf der mittleren Schiene goldgelb backen. Auskühlen lassen und 10 runde Böden ausstechen.

ZWEI Die Erdbeeren putzen und halbieren. Die Törtchenringe mit Folie auslegen und jeweils einen Boden einlegen. Jeden Boden so mit einem Kreis Erdbeeren belegen, dass diese aufrecht mit den Schnittflächen an der Ringwand anliegen.

DREI Für die Mousse die Gelatine im kalten Wasser einweichen. Die Schokolade auf dem Wasserbad schmelzen. Die Sahne steif schlagen.

VIER Eier und Zucker hell-cremig aufschlagen. Die Gelatine auflösen, mit der Eimasse mischen, dann Weißwein und flüssige Schokolade unterrühren. Zum Schluss die Schlagsahne und das gehackte Basilikum unterziehen.

FÜNF Die Mousse in einen Spritzbeutel geben und die Törtchenringe bis zum Rand damit füllen. Mindestens 2 Stunden kühlen. Zum Servieren Ringe und Folie vorsichtig lösen. Jedes Törtchen mit einer halbierten Erdbeere, Basilikum und Schokoblättchen nach Geschmack dekorieren.

MENGE: *10 Törtchen*
ZUBEREITUNGSZEIT: *90 Min. + 2 Std. Kühlzeit*
BACKEN: *12 Min. bei 175 °C Ober-/Unterhitze*
UTENSILIEN: *Backblech mit Backpapier ✦ runder Ausstecher ca. 8 cm Ø ✦ 10 Törtchenringe ca. 8 cm Ø ✦ Frischhaltefolie ✦ Spritzbeutel mit großer Lochtülle*

Schokoladensoufflé

mit Erdbeeren und Basilikum

FÖRMCHEN 50 g Butter ✦ 100 g Zucker
SOUFFLÉMASSE 100 g Zartbitterschokolade, Kakaogehalt mind. 72%, klein gehackt ✦ 50 g Butter ✦ Mark von 1 Vanilleschote ✦ 200 g Milch ✦ 50 g Weizenmehl Type 550 ✦ 4 Eigelbe (80 g) ✦ 20 ml Kaffeelikör ✦ Abrieb von 2 unbehandelten Orangen ✦ 4 Eiweiße (120 g) ✦ 75 g Zucker ✦ 1 Prise Salz

EINS Den Backofen auf 200 °C Ober-/Unterhitze vorheizen, die Souffléförmchen dünn mit Butter auspinseln und mit Zucker ausstreuen. Zartbitterschokolade auf dem Wasserbad schmelzen.

ZWEI Butter und Vanillemark in einem Topf vorsichtig schmelzen, anschließend die Milch hinzugeben und alles einmal aufkochen lassen. Dann das Mehl hinzugeben und meinem einem Löffel sorgfältig unterrühren, bis ein glatter Teig entstanden ist. Das funktioniert ähnlich wie bei einem Brandteig. Sorgfältiges Rühren verhindert Klümpchen.

DREI Die Masse vom Herd nehmen und nach und nach die geschmolzene Schokolade einarbeiten. Anschließend Eigelb, Kaffeelikör und Orangenabrieb hinzugeben und so lange langsam weiterrühren, bis sich alle Zutaten gründlich miteinander vermischt haben.

VIER Eiweiß mit Zucker und Salz cremig aufschlagen. Den Eischnee vorsichtig unter die bereits gemischten Zutaten ziehen. Die fertige Masse sofort mithilfe eines Spritzbeutels in die vorbereiteten Förmchen füllen. Den Rand der Förmchen anschließend sauber abwischen, damit das Soufflé schön aufgehen kann.

FÜNF Die Soufflés auf einem Backblech stellen und auf der mittleren Schiene 12 Minuten backen, dabei die Ofenklappe niemals öffnen. Die Soufflés sollten dann eine schöne Höhe erreicht haben, innen aber noch weich sein. Dann aus dem Ofen nehmen und sofort servieren.

MENGE: *8 Portionen*
ZUBEREITUNGSZEIT: *35 Min.*
BACKEN: *12 Min. bei 200 °C Ober-/Unterhitze*
UTENSILIEN: *8 Souffléförmchen ca. 9 cm Ø à 120 ml ✦ Spritzbeutel mit großer Lochtülle*

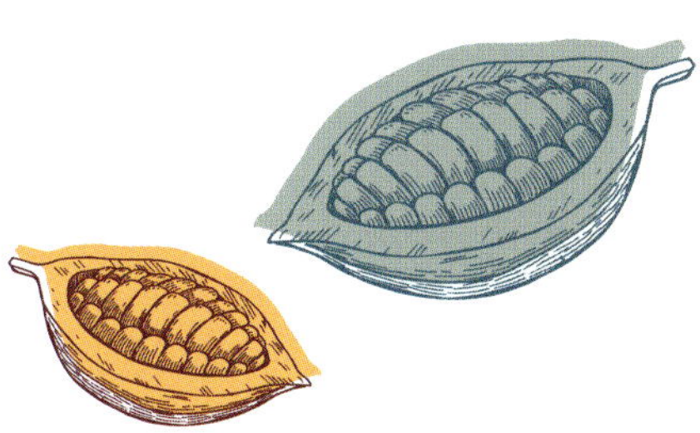

Schokoladen-Nougat-Crème-brûlée

CREME 75 g Milchschokolade, klein gehackt ✦ 100 g Haselnussnougat ✦ Mark von 1 Vanilleschote ✦ 90 g Kokosblütenzucker ✦ 10 Eigelbe (200 g) ✦ 70 g Sahne
ZUM ABFLÄMMEN 50 g brauner Zucker

EINS Den Backofen auf 110 °C Ober-/Unterhitze vorheizen. Die Milchschokolade mit dem Nougat in eine Schüssel geben.

ZWEI Vanillemark, Kokosblütenzucker, Eigelb und Sahne *zur Rose abziehen* (→ S. 21), dann durch ein feines Sieb passieren. Über die Schoko-Nougat-Mischung gießen und alle Zutaten mit dem Pürierstab zu einer homogenen Masse mixen.

DREI Die Creme auf 8 backofentaugliche Förmchen verteilen. Eine Auflaufform etwa 1 Zentimeter hoch mit heißem Wasser befüllen. Die Förmchen vorsichtig in dieses Wasserbad stellen. Sie sollten etwa bis zu Hälfte im Wasser stehen. Für 30–40 Minuten im Ofen stocken lassen, bis die Creme fest ist. Bei Bedarf heißes Wasser nachfüllen.

VIER Die Creme kann warm oder kalt serviert werden. Nach Geschmack also zuerst kühlen oder sofort gleichmäßig mit Zucker bestreuen, flambieren und warm servieren. (Foto → S. 84)

MENGE: *8 Portionen*
ZUBEREITUNGSZEIT: *15 Min.*
BACKEN: *30–40 Min. im Wasserbad bei 110 °C Ober-/Unterhitze*
UTENSILIEN: *8 backofenfeste Schälchen, ca. 8 cm Ø ✦ große Auflaufform oder tiefes Blech ✦ Flambierbrenner*

Dunkles Schokoladensorbet

mit Zartbitterschokolade

60 g Zartbitterschokolade, Kakaogehalt mind. 69 %, klein gehackt ✦ 120 g Zucker ✦ 25 g Dextrose ✦ 330 ml Wasser, lauwarm ✦ 1 Prise Salz ✦ 50 g Kakaopulver, gesiebt

EINS Die Zartbitterschokolade auf dem Wasserbad schmelzen.

ZWEI Zucker und Dextrose vermischen und im lauwarmen Wasser auflösen. Dann Salz und Kakaopulver unterrühren.

DREI Die Flüssigkeit nach und nach in die geschmolzene Schokolade rühren. Alle Zutaten mit einem Pürierstab mixen und in der Eismaschine frieren lassen. Eiskalt servieren.

MENGE: *8 Portionen*
ZUBEREITUNGSZEIT: *40 Min.*
UTENSILIEN: *Eismaschine*

Aromavarianten

Dieses vegane Schokoladensorbet kann man pur genießen oder mit Gewürzen verfeinern. Besonders gut schmeckt es mit frisch geriebenem Ingwer, Zitronengras, Zimt, Tonka, Pfeffer, Chiliflocken oder frischem gehacktem Basilikum. Die Gewürze ganz nach Belieben der Intensität mit den anderen Zutaten vermischen. Zutaten wie Zitronengras oder Basilikum sollten vorab 20 Minuten im lauwarmen Zucker-Dextrose-Wasser durchziehen. Vor der Weiterverarbeitung einfach durch ein feines Sieb abseihen.

Weiße Schokoladen-Mascarpone-Mousse

mit Kardamom und Aprikosenkern

BUTTERMÜRBETEIG → S. 22, halbe Menge
FRUCHTKERN 1 Kardamomkapsel ✦ 100 ml Orangensaft ✦ 45 g Zucker ✦ Abrieb von 1 unbehandelten Orange ✦ 15 g Apfelpektin ✦ 180 g Aprikosen, entkernt und klein gewürfelt
MOUSSE 70 g weiße Schokolade, klein gehackt ✦ 45 g Sahne ✦ 30 g Zucker ✦ 1 Eigelb (20 g) ✦ Mark von ½ Vanilleschote ✦ 5 g Gelatinepulver ✦ 25 g kaltes Wasser ✦ 190 g geschlagene Sahne ✦ 100 g Mascarpone
FRUCHTGLAÇAGE → S. 21, doppelte Menge in Gelb

EINS Für die Böden den Backofen auf 180 °C Ober-/Unterhitze vorheizen. Das halbe Grundrezept *Buttermürbeteig* herstellen. Dünn ausrollen, Kreise ausstechen und auf ein Backblech mit Backpapier geben. In 8 Minuten auf der mittleren Schiene knusprig backen.

ZWEI Für den Fruchtkern die Kardamomkapsel andrücken. Orangensaft, Zucker, Kardamom und Orangenabrieb aufkochen. Pektin hinzugeben und für 3 Minuten zu einem festen Gelee kochen, dann die Aprikosenstücke unterrühren und 1 Minute mitkochen. Das Gelee in die kleinen Silikonformen füllen. Für 3 Stunden in den Gefrierschrank geben.

DREI Für die Mousse die Schokolade in eine Schüssel geben. Sahne, Zucker, Eigelb und Vanillemark *zur Rose abziehen* (→ S. 21). Durch ein feines Sieb passieren, über die Schokoladen gießen und rühren, bis eine glänzende Creme entstanden ist.

VIER Die Gelatine im kalten Wasser einweichen. Die Sahne steif schlagen. Die Gelatine auflösen und mit der Creme mischen. Anschließend die Mascarpone unterrühren. Zum Schluss die Sahne mit einem Spatel marmorierend unterziehen.

FÜNF Die großen Silikonförmchen zu ⅔ mit Mousse befüllen. Die gefrorenen Aprikosenkerne aus den Förmchen lösen, in die Mousse einlegen, dann mit der restlichen Mousse bedecken. Über Nacht im Gefrierschrank fest werden lassen.

SECHS Das doppelte Rezept *Fruchtglaçage* in Gelb herstellen. Die Törtchen aus den Formen lösen, mit Glaçage überziehen und auf die Keksböden setzen. Zum Auftauen für 2 Stunden in den Kühlschrank stellen.

MENGE: *8 Törtchen*
ZUBEREITUNGSZEIT: *90 Min. + 3 Std. und über Nacht Kühlzeit + 2 Std. Auftauzeit*
BACKEN: *8 Min. bei 185 °C Ober-/Unterhitze*
UTENSILIEN: *runde Ausstecher 7 cm Ø ✦ Backblech mit Backpapier ✦ je 8 Silikonformen 4 cm Ø und 6,5 cm Ø*

Milchschokoladen-Parfait

135 g Zucker ✦ 3 Eigelbe (60 g) ✦ 1 großes Ei (60 g) ✦ 300 ml Milch ✦ 30 g Pistazienmark ✦ 1 Prise Muskatnussabrieb ✦ 175 g Butter ✦ 150 g Vollmilchschokolade

EINS Zucker, Eigelb, Eier und Milch *zur Rose abziehen* (→ S. 21). Pistazienmark und Muskatnuss unterrühren, Butter hinzugeben und mit einem Pürierstab mixen. Die Masse mit Folie abgedeckt für mindestens 2 Stunden im Gefrierschrank reifen lassen. Die Parfaitmasse sollte kühl, aber immer noch cremig sein. Ist sie zu fest geworden, einen Moment bei Raumtemperatur stehen lassen, bevor man mit dem nächsten Schritt fortfährt.

ZWEI Die Vollmilchschokolade auf dem Wasserbad schmelzen, dann in eine Schüssel geben und die Parfaitmasse nach und nach mit einem Schneebesen unterrühren. Die Mischung zum Schluss cremig aufschlagen.

DREI Das aufgeschlagene Parfait kann nun mit einem Löffel oder Spritzbeutel portioniert und direkt serviert werden. Alternativ die Parfaitmasse in Silikonformen füllen und über Nacht im Gefrierfach fest werden lassen.

VIER Zum Servieren das Parfait aus der Form lösen und nach Geschmack beispielsweise mit gehackten Pistazien dekoriert auf einem Stück Biskuit (etwa der Mandelbiskuit von der Bûche de Noël von S. 149) anrichten.

MENGE: *8 Portionen*
ZUBEREITUNGSZEIT: *40 Min. + 2 Std. Kühlzeit*
UTENSILIEN: *evtl. 8 Silikonförmchen à ca. 120 ml*

Tipp

Dieses Rezept lässt sich beliebig variieren. Das Pistazienmark kann beispielsweise durch Haselnussmark oder Cashewkernmus ersetzt und mit Gewürzen wie Vanille, Zimt oder Tonka kombiniert werden. Sie können außerdem das Pistazienmark ersetzen durch das Grundrezept *Pralinémasse* von S. 20 mit Pistazien oder anderen Nüssen ganz nach Belieben.

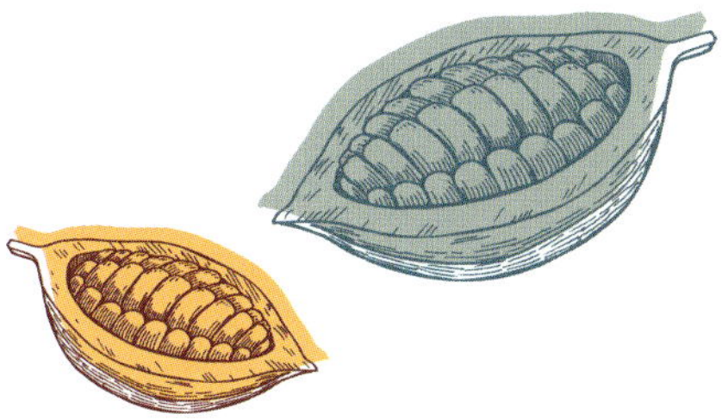

Schokoladencrumble

mit Kürbis, Orange und Kardamom

KÜRBISWÜRFEL Saft und Abrieb von 4 unbehandelten Orangen ✦ 1 gestr. TL Zimt ✦ 1 Prise Nelkenpulver ✦ 1 Kardamomkapsel ✦ 1 kleiner Hokkaidokürbis (500 g), geputzt und klein gewürfelt ✦ 100 g Gelierzucker 1:1

KÜRBISKERNE 50 g Zucker ✦ 100 g Kürbiskerne ✦ 20 g Butter

SCHOKOLADEN-ZITRONEN-STREUSEL → S. 23, halbe Menge

EINS Für die Kürbiswürfel Orangensaft, -abrieb und die Gewürze in einen Topf geben und aufkochen. Die Kürbiswürfel hinzugeben und auf mittlerer Stufe für 8–10 Minuten köcheln lassen, bis sie weich, aber noch bissfest geworden sind. Dann den Gelierzucker hinzugeben und einmal mit aufkochen. Die Mischung vom Herd nehmen und mit einem Löffel auf die Auflaufförmchen verteilen.

ZWEI Für die karamellisierten Kürbiskerne den Zucker in einer Pfanne nach und nach zu goldgelbem Karamell schmelzen (→ S. 19). Die Temperatur reduzieren, die Kürbiskerne hinzugeben und rühren, bis sie gleichmäßig mit Karamell überzogen sind.

DREI Zuletzt die Butter untermischen, damit sich die Kürbiskerne besser voneinander trennen. Mit einem Löffel auf einem Backpapierabschnitt ausbreiten. Die Kerne nicht mit den Fingern trennen, Verbrennungsgefahr!

VIER Für das Kürbiscrumble den Ofen auf 185 °C Ober-/Unterhitze vorheizen. Das halbe Grundrezept *Schokoladen-Zitronen-Streusel* herstellen. Die karamellisierten Kürbiskerne auf die Kürbiswürfel streuen und mit den Zitronenstreuseln bedecken. Die Förmchen auf ein Backblech stellen und auf der mittleren Schiene 12–14 Minuten goldbraun backen. Warm servieren.

MENGE: *6 Portionen*
ZUBEREITUNGSZEIT: *45 Min.*
BACKEN: *12–14 Min. bei 185 °C Ober-/Unterhitze*
UTENSILIEN: *Backpapier ✦ 6 backfeste Förmchen ca. 8 cm Ø ✦ Backblech*

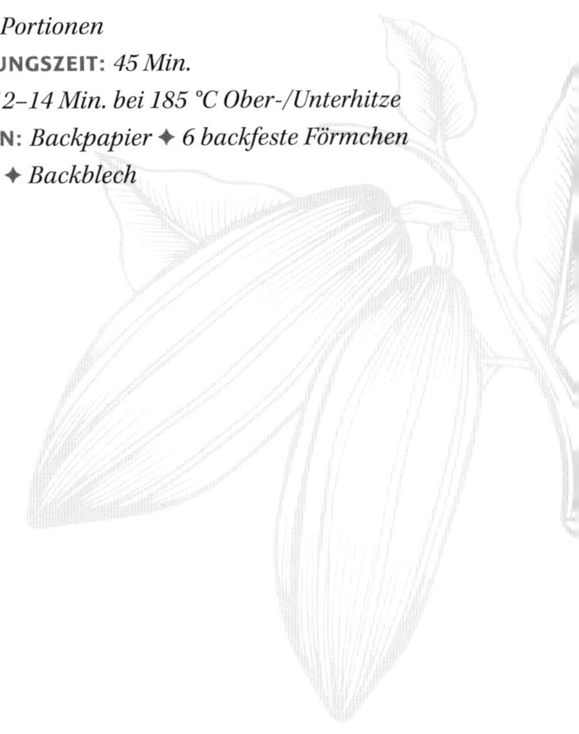

Schokoladenstrudel

mit Feigen und Maronen

STRUDELTEIG 240 g Weizenmehl Type 550 ✦ 25 g Zucker ✦ 1 Prise Salz ✦ 55 g Butter ✦ 110 ml Milch ✦ 35 ml Rapsöl

STRUDELFÜLLUNG 400 g Birnen, klein gewürfelt ✦ 400 g vakuumierte Maronen, gehackt ✦ 100 g getrocknete Feigen, gehackt ✦ 60 g Haselnüsse, gehackt ✦ 100 g Vollmilchschokolade, klein gehackt ✦ 1 gestr. TL Zimt ✦ Abrieb von 2 unbehandelten Orangen ✦ 40 g Vanillepuddingpulver ✦ 400 ml Orangensaft ✦ 60 g Butter ✦ 110 g brauner Zucker

STRUDELBRÖSEL 40 g Butter ✦ 30 g brauner Zucker ✦ 120 g Semmelbrösel

ABSTREICHEN 100 g Butter ✦ 15 g Zucker ✦ 1 gestr. TL Zimt

EINS Für den Strudelteig alle Zutaten verkneten, bis er weich und geschmeidig ist. In Folie gewickelt 2 Stunden im Kühlschrank entspannen lassen.

ZWEI Für die Füllung Birnen, Maronen, Feigen, Haselnüsse und Vollmilchschokolade mit Zimt und Orangenabrieb mischen. Puddingpulver mit etwas Orangensaft anrühren. Den restlichen Saft mit Butter und Zucker aufkochen, Puddingpulver hinzugeben und unter ständigem Rühren 1 Minute kochen lassen. Anschließend über die Birnenmischung gießen und alles gut mischen.

DREI Für die Brösel Butter und Zucker in einem Topf erhitzen, bis die Butter leicht bräunt. Dann die Semmelbrösel untermischen. Beiseitestellen.

VIER Den Backofen auf 200 °C Ober-/Unterhitze vorheizen und die Butter zum Abstreichen in einem kleinen Topf erwärmen. Den Strudelteig auf einer bemehlten Arbeitsfläche möglichst dünn ausrollen, dann auf ein Tuch legen und mit den Fingern noch etwas dünner ziehen. Der Teig sollte etwa 50 × 20 Zentimeter groß sein.

FÜNF Den Teig zum Füllen mit einer langen Seite entlang der Tischkante legen. Die untere Teighälfte mit etwas flüssiger Butter abstreichen und mit Bröseln bestreuen, dabei ringsum etwas Rand frei lassen. Die Füllung auf die Brösel verteilen.

SECHS Die obere Teighälfte mithilfe des Tuches über die Füllung schlagen. Den Strudel anschließend gleichmäßig einrollen. Dabei den Teig an den Seiten einschlagen und gut verschließen.

SIEBEN Den Strudel mit Butter abstreichen, auf ein Backblech mit Backpapier setzen und auf der mittleren Schiene 18–22 Minuten goldbraun backen. Den warmen Strudel nach dem Backen nochmals dünn mit Butter bestreichen. Zucker und Zimt mischen und darüberstreuen. Mit Vanillesauce servieren.

MENGE: *1 Strudel mit 8–10 Stücken*
ZUBEREITUNGSZEIT: *65 Min. + 2 Std. Teigruhe*
BACKEN: *18–22 Min. bei 200 °C Ober-/Unterhitze*
UTENSILIEN: *Strudeltuch oder großes sauberes Geschirrtuch ✦ Backblech mit Backpapier*

Schokoladenfondue

300 g–400 g Zartbitterschokolade, am besten sortenreine aus Madagaskar, Kakaogehalt mind. 65 % ✦ 1 kg Früchte und Beeren nach Geschmack ✦ 300 g Gebäck nach Geschmack

EINS Die Schokolade auf dem Wasserbad schmelzen. Dann in die Fondueschale gießen und die Kerze darunter anzünden. Während des Essens sollte die Schokolade immer wieder umgerührt werden, damit sie nicht anbrennen kann.

ZWEI Zum Schokoladenfondue die Früchte, Beeren und Gebäck reichen und mithilfe kleiner Spieße in die flüssige Schokolade eintauchen. Man rechnet etwa 150 Gramm Obst und Beeren und 50 Gramm Gebäck pro Person. Im Buch eignen sich beispielsweise die Cookies von S. 29, die Cantuccini von S. 31 oder die dreierlei Schokoküchlein ab S. 34.

MENGE: *für 6 Personen (pro Person 50–60 g)*
ZUBEREITUNGSZEIT: *15 Min.*
UTENSILIEN: *Keramik-Fondueset à ca. 400 ml*

Schokoladenwissen

Grundsätzlich eignet sich jede pure Schokolade. Egal ob weiße, Zartbitter- oder Vollmilchschokolade, es sollten keine Nüsse oder Ähnliches enthalten sein. Im Rezept verwende ich eine sortenreine Zartbitterschokolade aus Madagaskar, diese enthält meist intensive Zitrusnoten und fruchtige Beerenaromen und passt daher wunderbar zu den Früchten und Beeren.

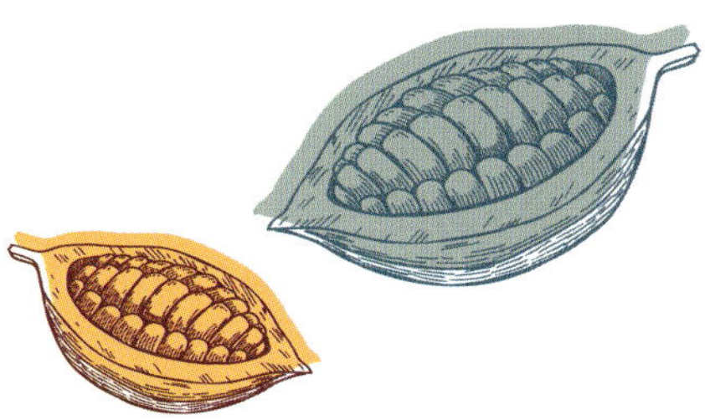

Deftige Schokoladengenüsse

Schokolade passt nicht nur zu Süßem, sie lässt sich auch mit herzhaften Aromen kombinieren! Vollmilchschokolade harmoniert mit Ziegenkäse, Thymian und Fenchel, während Zartbitterschokolade wunderbar mit Trüffelöl, Balsamico und reifen Tomaten schmeckt.

Kakaodressing

mit Orange und Balsamico

20 g Zartbitterschokolade, klein gehackt ✦ 70 ml dunkler Balsamicoessig ✦ 60 ml Olivenöl ✦ Saft von 1 Orange ✦ 2 TL Blütenhonig ✦ ½ TL mittelscharfer Senf ✦ 20 g Kakaonibs ✦ 1 Prise Salz ✦ 1 Prise Pfeffer

EINS Die Schokolade auf dem Wasserbad schmelzen. Essig, Öl, Orangensaft, Honig und Senf in einen hohen Becher füllen und mit einem Pürierstab zu einer Emulsion mixen.

ZWEI Die flüssige Schokolade unter die Essig-Öl-Emulsion mixen. Zuletzt die Kakaonibs unterrühren. Nach Belieben mit Salz und Pfeffer abschmecken und über den Salat geben.

MENGE: *2 Portionen (200 g Blattsalat)*
ZUBEREITUNGSZEIT: *15 Min.*

Genusstipp

Besonders gut passt dieses Dressing zu grünem Blattsalat mit frischen Tomaten oder für eine Vorspeise aus Büffelmozzarella und Tomaten.

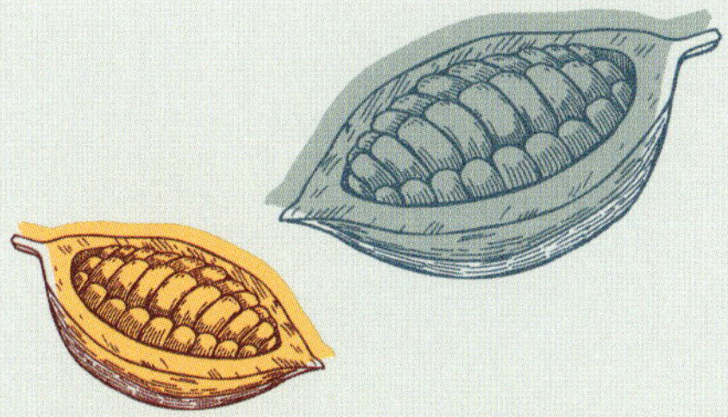

Ziegenkäsepraline

mit Honig und Thymian

PRALINE 8 frische Thymianzweige, fein gehackt ✦ 140 g Sahne ✦ 140 g Ziegenfrischkäse ✦ 50 g Honig ✦ Abrieb von 2 Zitronen ✦ 300 g Vollmilchschokolade, klein gehackt ✦ 40 g weiche Butter
AUSSERDEM 350 g Vollmilchschokolade, temperiert ✦ etwas getrockneter Thymian

EINS Den Pralinenrahmen auf ein Blech mit Backpapier stellen. Thymian mit Sahne, Ziegenfrischkäse und Honig aufkochen lassen. Vom Herd nehmen und 15 Minuten ziehen lassen.

ZWEI Die Thymiansahne abseihen, erneut aufkochen, zum Schluss den Zitronenabrieb dazugeben. Nach und nach in einer Schüssel über die gehackte Schokolade gießen und mit einem Küchenspatel zu einer glatten Masse rühren. Zuletzt die Butter hinzugeben und alles mit einem Pürierstab mixen.

DREI Die Ganache in den Pralinenrahmen füllen und glatt streichen. Offen über Nacht kühl stellen, damit sie schnittfest wird.

VIER Die schnittfeste Ganache mit etwas temperierter Schokolade abstreichen, kurz fest werden lassen. Dann umdrehen, den Rahmen lösen und kleine Rechtecke schneiden. Die Würfel mithilfe einer Pralinengabel überziehen. Zum Festwerden auf ein Blech geben und mit etwas getrocknetem Thymian dekorieren.

MENGE: *etwa 75 Stück*
ZUBEREITUNGSZEIT: *60 Min. + Kühlzeit über Nacht*
UTENSILIEN: *1 Pralinenrahmen 25 × 25 cm ✦ Blech mit Backpapier ✦ Pralinengabel*

Schokoladentrüffel

mit Trüffelöl

BLÄTTCHEN 150 g Zartbitterschokolade, temperiert
GANACHE 90 g Sahne ✦ 80 ml Milch ✦ 12 g Glukosesirup ✦ 10 g Honig ✦ 320 g Zartbitterschokolade mit 68 % Kakaoanteil, klein gehackt ✦ 50 g Butter ✦ 20–30 Tropfen Trüffelöl nach Belieben
ÜBERZUG 350 g Zartbitterschokolade, temperiert ✦ 100 g Kakaopulver

EINS Für die Schokoladenblättchen die temperierte Schokolade mithilfe eines Spritzbeutels mit kleiner Lochtülle in kleinen Tupfen auf ein Blech mit Backpapier dressieren. Das Blech klopfen, bis die Tupfen breit auseinanderlaufen. Abkühlen lassen.

ZWEI Für die Ganache Sahne, Milch, Glukose und Honig aufkochen. Die Schokolade auf dem Wasserbad schmelzen. Die heiße Sahne über die Schokolade gießen und vorsichtig mit einem Spatel unterrühren. Zuletzt die Butter und das Trüffelöl einarbeiten. Abgedeckt im Kühlschrank in etwa 2 Stunden auf etwa 20 °C cremig abkühlen lassen.

DREI Die Ganache leicht aufschlagen, in einen Spritzbeutel mit großer Lochtülle füllen und auf die Blättchen dressieren. Über Nacht fest werden lassen.

VIER Die Trüffel mithilfe einer Pralinengabel mit Schokolade überziehen, sofort in Kakaopulver wälzen. Zum Festwerden auf ein Blech mit Backpapier setzen. Kühl gelagert bis zu 2 Wochen haltbar.

MENGE: *60 Stück*
ZUBEREITUNGSZEIT: *60 Min. + Kühlzeit 2 Std. und über Nacht*
MATERIAL: *Spritzbeutel mit Lochtüllen 4 mm und 10 mm Ø ✦ Pralinengabel ✦ Blech mit Backpapier*

Fenchelcreme

mit Schokolade und Mandeln

50 g Mandeln ✦ 1 TL Fenchelsamen ✦ 15 g Honig ✦ 1 Fenchelknolle, fein gewürfelt ✦ 180 g Sahne ✦ 150 g Zartbitterschokolade, klein gehackt ✦ 275 g Vollmilchschokolade, klein gehackt ✦ 45 g Mandelnougat ✦ 160 g Sahne ✦ Abrieb von 2 unbehandelten Zitronen ✦ 95 g weiche Butter

EINS Die Mandeln einige Minuten in einer Pfanne ohne Fett rösten. Anschließend fein hacken. Die Fenchelsamen zerstoßen. Den Honig in einer Pfanne bei mittlerer Temperatur verflüssigen. Dann den frischen Fenchel hinzugeben und unter ständigem Rühren goldbraun karamellisieren. Im Anschluss mit 180 Gramm Sahne ablöschen, einmal aufkochen lassen, dann vom Herd nehmen, die Fenchelsamen unterrühren und 30 Minuten ziehen lassen.

ZWEI Die Schokoladensorten mit dem Nougat in eine Schüssel geben. Die Fenchelsahne abseihen, weitere 160 Gramm Sahne hinzugeben und erneut aufkochen. Den Zitronenabrieb einrühren und die Sahne über die Schoko-Nougat-Mischung gießen. Mit einem Küchenspatel zu einer homogenen Ganache verrühren. Zuletzt die Butter unterrühren und die gehackten Mandeln unterheben.

DREI Die Creme in sehr saubere trockene Gläschen füllen, verschließen und über Nacht kühlen. Kühl aufbewahrt etwa 2 Wochen haltbar.

MENGE: *ca. 950 g*
ZUBEREITUNGSZEIT: *45 Min. + Kühlzeit über Nacht*
UTENSILIEN: *5 Marmeladengläser à 200 g*

Kakaochutney

mit Tomaten und Ingwer

1 kg aromatische Tomaten ✦ 100 g rote Paprika (geputzt) ✦ 1 kleine Zwiebel, klein gewürfelt ✦ 2 EL Olivenöl ✦ 150 ml Weißweinessig ✦ 150 g brauner Zucker ✦ 250 g Gelierzucker 2:1 ✦ 1 dünne Scheibe (10 g) frischer Ingwer, klein gehackt ✦ 2 Prisen Salz ✦ 1 Prise Pfeffer ✦ ½ gestr. TL Currypulver ✦ 1 Prise Zimt ✦ 50 g Kakaonibs

EINS Tomaten mit kochendem Wasser brühen, dann häuten und klein würfeln. Paprika ebenfalls klein würfeln.

ZWEI Zwiebeln im Olivenöl glasig andünsten. Mit Essig ablöschen, Zucker und Gelierzucker hinzugeben und alles einmal unter Rühren aufkochen, bis der Zucker gelöst ist. Dann Tomaten, Paprika und Ingwer hinzugeben und unter vorsichtigem Rühren kurz aufkochen.

DREI Das Chutney mit den Gewürzen abschmecken und die Kakaonibs hinzugeben. Anschließend auf kleinster Flamme 90 Minuten köcheln lassen, dabei gelegentlich umrühren.

VIER Die heiße Marmelade in die Marmeladengläser füllen, verschließen und abkühlen lassen. Verschlossen etwa 6 Monate haltbar, aber dafür ist es viel zu lecker! Schmeckt hervorragend zu Käse.

MENGE: *ca. 1 kg*
ZUBEREITUNGSZEIT: *45 Min. + 90 Min. Kochzeit*
UTENSILIEN: *5 Marmeladengläser mit Schraubverschluss à 200 g, frisch sterilisiert*

Genießerwissen

Die Fenchelcreme passt perfekt zu Käse, etwa Parmesan, Gruyère, Gorgonzola und Ziegenkäse. Sie eignet sich außerdem als Dipp oder ganz einfach als Aufstrich für ein leckeres Sauerteigbrot. Optimal kombinieren lässt sie sich mit Vinschgerl, würzigen Roggenfladen.

Schokoladen-kunst

PRALINEN UND KONFEKT

Schokoladen-Marshmallows

FORMEN UND DEKORIEREN 70 g Kakaopulver

MARSHMALLOWMASSE 250 g Zucker ✦ 90 ml Wasser ✦ 90 ml Invertzucker ✦ 24 g Gelatinepulver ✦ 120 ml kaltes Wasser ✦ 150 g Invertzucker ✦ 45 g dunkle Zartbitterschokolade, klein gehackt ✦ 20 g Kakaopulver

EINS Den Pralinenrahmen auf ein Blech mit Backpapier setzen und in den Rahmen eine feine Schicht Kakaopulver sieben.

ZWEI Zucker, die 90 Milliliter Wasser und 90 Milliliter Invertzucker in einem Topf verrühren und zum Kochen bringen. Sobald die Mischung einmal aufgekocht hat, den Herd auf mittlere Stufe stellen und die Zuckerlösung 4 Minuten leicht sprudelnd köcheln lassen. Die ideale Temperatur liegt bei 112 °C.

DREI Währenddessen die Gelatine in den 120 Millilitern Wasser einweichen, dann auflösen und zusammen mit den 150 Gramm Invertzucker in eine Rührschüssel geben. Die Schokolade auf dem Wasserbad schmelzen.

VIER Die Zuckerlösung nach 4 Minuten vom Herd nehmen und sofort unter ständigem Rühren in die Gelatine-Invertzucker-Mischung einlaufen lassen. Die Mischung nun 5 Minuten kräftig aufschlagen, bis sie eine cremige, luftige Konsistenz hat. Dann die gelöste Schokolade und die 20 Gramm Kakaopulver sorgfältig mit unterrühren.

FÜNF Die Marshmallowmasse in den vorbereiteten Pralinenrahmen einfüllen und mit einer Palette glatt streichen. Mit Kakaopulver bestäuben und über Nacht offen bei Raumtemperatur fest werden lassen.

SECHS Am nächsten Tag kleine Würfel schneiden und die Marshmallows vor dem Naschen in dunklem Kakaopulver wälzen. Luftdicht verpackt bis zu 2 Monate haltbar.

MENGE: *100–130 Stück*
ZUBEREITUNGSZEIT: *40 Min. + Kühlzeit über Nacht*
UTENSILIEN: *Blech mit Backpapier ✦ Pralinenrahmen 15 × 15 cm*

Genießerwissen

Diese schokoladige Nascherei hat eine fluffig-leichte Textur und einen Nachteil: Sie macht süchtig! Wenn die Marshmallows einmal aufgegessen sind, muss man gleich neue machen!

Chaipraline

mit Knusperwaffel

BLÄTTCHEN 80 g sehr dünne Waffeln oder knusprige Kekse ✦ 230 g Haselnussnougat ✦ 1 Msp. Zimt
GANACHE 65 g Sahne ✦ 15 g Chai-Tee-Pulver ✦ 200 g Vollmilchschokolade, Kakaogehalt mind. 36 %, klein gehackt ✦ 165 g weiße Schokolade, klein gehackt ✦ 165 g Butter ✦ 135 g Fondant-Zuckerglasur
ÜBERZUG 350 g Vollmilchschokolade, temperiert ✦ etwas Chai-Tee-Pulver

EINS Für die Nougatblättchen die Waffeln oder Kekse möglichst fein zerbröseln. Nougat auf dem Wasserbad erwärmen, bis er cremig, aber nicht zu weich ist. Dann vom Wasserbad nehmen und Zimt sowie den Waffelbruch unterrühren.

ZWEI Die Nougatmischung auf ein Backpapier verteilen und mit einer Palette glatt streichen. Zum Festwerden 15 Minuten in den Kühlschrank stellen. Anschließend kleine Kreise ausstechen.

DREI Für die Ganache die Sahne aufkochen, dann das Chaipulver unterrühren. Vollmilch- und weiße Schokolade getrennt im Wasserbad schmelzen. (Die weiße Schokolade kommt erst später zum Einsatz, denn die Ganache ist sonst zu fest und lässt sich nicht gut aufschlagen.) Sahne über die Milchschokolade gießen. Vorsichtig verrühren, bis eine glatte Creme entstanden ist.

VIER Nun die Butter und den Fondant in einer Küchenmaschine oder mit dem Handmixer aufschlagen, bis die Mischung weiß und leicht schaumig ist. Die Schokoladenmischung nach und nach in die Buttermasse einarbeiten und mit aufschlagen. Zuletzt die weiße Schokolade mit einem Spatel untermischen.

FÜNF Die Ganache in einen Spritzbeutel mit großer Lochtülle füllen und in Tupfen auf die Nougatblättchen dressieren. Etwa 30 Minuten an einen kühlen Ort fest werden lassen.

SECHS Die Pralinen zum Überziehen mit einer Pralinengabel in die Schokolade tauchen. Auf ein Backpapier setzen und sofort mit etwas Chaipulver bestäuben. Kühl aufbewahrt sind die Pralinen etwa 2 Wochen haltbar.

MENGE: *80 Stück*
ZUBEREITUNGSZEIT: *65 Min. + ca. 30 Min. Kühlzeit*
UTENSILIEN: *Blech mit Backpapier ✦ runder Ausstecher ca. 15 mm Ø ✦ Spritzbeutel mit Lochtülle 12 mm Ø ✦ optional Pralinengabel*

Tipp

Diese Nascherei kann auch als würzige heiße Schokolade serviert werden: Einfach einen Becher voll heißer Milch aufschäumen und eine Praline darin auflösen.

Whiskypraline

mit Rauchschokolade

GANACHE 105 g Sahne ✦ 25 g Glukose ✦ Abrieb von 1 unbehandelten Zitrone ✦ 260 g indonesische Zartbitterschokolade, klein gehackt ✦ 45 ml Single Malt Whisky ✦ 50 g Butter
ÜBERZUG 350 g Zartbitterschokolade, temperiert

EINS Einen Pralinenrahmen auf ein Blech mit Backpapier stellen. Sahne, Glukose und Zitronenabrieb in einem Topf mischen und aufkochen. Die indonesische Zartbitterschokolade auf dem Wasserbad schmelzen.

ZWEI Die heiße Zitronensahne über die geschmolzene Schokolade gießen und vorsichtig mit einem Spatel unterrühren. Den Whisky und zuletzt die Butter einarbeiten. Anschließend alles mit einem Pürierstab zu einer glänzenden Masse mixen.

DREI Die fertige Ganache in den vorbereiteten Pralinenrahmen füllen, mit einer Palette glatt streichen und offen über Nacht an einem kühlen Ort fest werden lassen.

VIER Am folgenden Tag die schnittfeste Ganache an der Oberseite dünn mit temperierter Schokolade abstreichen. Kurz fest werden lassen, dann stürzen, den Rahmen entfernen und 75 kleine Rechtecke schneiden.

FÜNF Die Pralinen mithilfe einer Pralinengabel umgedreht mit Schokolade überziehen. Auf einem Blech fest werden lassen. Kühl aufbewahrt etwa 2 Wochen haltbar.

MENGE: *75 Stück*
ZUBEREITUNGSZEIT: *45 Min. + Kühlzeit über Nacht*
UTENSILIEN: *1 Pralinenrahmen 20 × 20 cm ✦ Blech mit Backpapier ✦ Pralinengabel*

Schokoladenwissen

Für dieses Rezept verwende ich eine indonesische Grand-Cru-Schokolade. Die Kakaobohnen aus dieser Region haben ein natürliches Raucharoma, da sie über dem Feuer getrocknet werden. Dies ergänzt wunderbar die Tabaknoten des Whiskys. Eine Schnittganache wird über Nacht nicht abgedeckt. Sie soll an der Oberfläche besonders stark auskristallisieren, damit sie abgestrichen werden kann und einen stabilen Fuß zum Überziehen bildet. Ich habe die Pralinen sofort nach dem Überziehen mit einem Siegelstempel geprägt, der zuvor 1 Stunde im Gefrierfach gekühlt wurde.

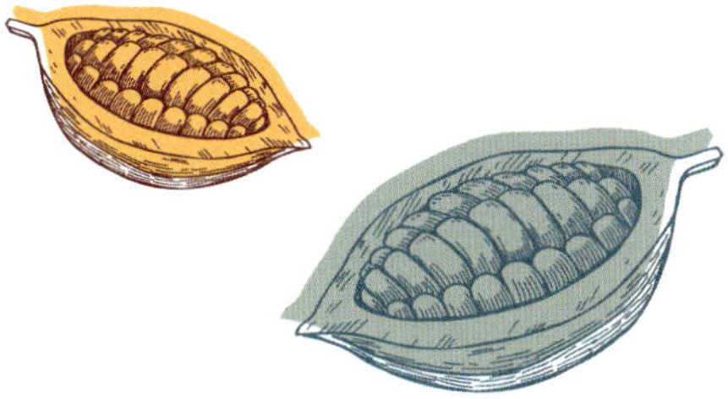

Lilletpraline

mit weißer Schokolade und Grapefruit

FRUCHTGELEE 175 ml Grapefruitsaft ✦ Abrieb von 3 unbehandelten Grapefruits ✦ 60 g Zucker ✦ 60 g Glukose ✦ 15 g Zucker ✦ 8 g Apfelpektin

GANACHE 90 g Sahne ✦ 90 ml Grapefruitsaft ✦ 40 g Glukose ✦ Abrieb von 2 unbehandelten Grapefruits ✦ 135 ml Lillet rosé ✦ 295 g weiße Schokolade, klein gehackt ✦ 65 g Butter

FORMEN 350 g weiße Schokolade, temperiert

EINS Für das Fruchtgelee den Grapefruitsaft mit Grapefruitabrieb, den 60 Gramm Zucker und der Glukose aufkochen. Die 15 Gramm Zucker mit dem Pektin mischen und dann zum Grapefruitsud geben. Unter ständigem Rühren einmal aufkochen, anschließend sofort vom Herd nehmen und zum Abkühlen in eine Schüssel füllen. Vollständig abkühlen lassen.

ZWEI Das feste Gelee mit einem Pürierstab einmal durchmixen, sodass eine feine, streichfähige Masse entsteht.

DREI Für die Ganache Sahne, Grapefruitsaft, Glukose und Grapefruitabrieb aufkochen. Dann vom Herd nehmen. Die weiße Schokolade auf dem Wasserbad schmelzen. Lillet in den nicht mehr kochenden Sahnesud geben. Die Mischung anschließend mit einem Spatel unter die Schokolade rühren. Zuletzt die Butter hinzugeben und alles mit einem Pürierstab zu einer glänzenden Ganache mixen. Abgedeckt auf 28 °C cremig abkühlen lassen.

VIER In der Zwischenzeit die 350 Gramm weiße Schokolade temperieren und die Pralinenform damit dünn ausgießen (→ S. 17). Die Pralinenform wurde bei mir zuvor mit rot eingefärbter Kakaobutterfarbe ausgetupft. Kurz fest werden lassen, dann mithilfe eines kleinen Spritzbeutels mit Lochtülle zu je ¼ mit Gelee füllen.

FÜNF Die Ganache, sobald sie kalt genug ist, in einen Spritzbeutel mit kleiner Lochtülle geben und die Förmchen bis zum Rand damit befüllen. Die Pralinen zum Festwerden über Nacht an einen kühlen Ort stellen.

SECHS Am folgenden Tag eine kleine Menge weiße Schokolade (Rest vom Formengießen) temperieren, die Pralinen damit von unten abstreichen (→. S. 18), kurz fest werden lassen. Dann aus der Form lösen und genießen. Gekühlt bis zu 4 Wochen haltbar.

MENGE: *80 Stück*
ZUBEREITUNGSZEIT: *65 Min. + Kühlzeit über Nacht*
UTENSILIEN: *Spritzbeutel mit Lochtülle 4 mm Ø ✦ 80 Pralinenformen à ca. 10 g Füllmenge*

Erdnuss-Knusper-Praline

mit Mangogelee

FRUCHTGELEE 225 g Mangofruchtfleisch, klein gewürfelt ✦ 120 g Zucker ✦ 30 g Honig ✦ 15 g Zucker ✦ 12 g Apfelpektin
ERDNUSSPRALINÉ 250 g Erdnüsse ✦ 250 g Zucker ✦ 150 g Vollmilchschokolade, klein gehackt ✦ 75 g Zartbitterschokolade, klein gehackt ✦ 1 Prise Salz
ÜBERZUG 350 g Vollmilchschokolade, temperiert

EINS Einen Pralinenrahmen auf ein Blech mit Backpapier stellen. Mangofruchtfleisch mit den 120 Gramm Zucker mischen und pürieren. Zusammen mit dem Honig unter ständigem Rühren einmal aufkochen lassen. Die 15 Gramm Zucker mit dem Pektin mischen und zum Püree geben. Unter ständigem Rühren nochmals aufkochen, 1 Minute lang köcheln lassen, dann vorsichtig in den Pralinenrahmen füllen und auskühlen lassen.

ZWEI Inzwischen für das Erdnusspraliné den Backofen auf 175 °C Ober-/Unterhitze vorheizen. Die Erdnüsse auf einem Backblech mit Backpapier 8 Minuten im Ofen rösten. Währenddessen den Zucker in einer Pfanne zu Karamell verarbeiten (→ S. 19). Die Erdnüsse zum Karamell geben und rühren, bis sie alle ummantelt sind. Die karamellisierten Nüsse mit einem Löffel auf dem Backblech verteilen und auskühlen lassen.

DREI Vollmilch- und Zartbitterschokolade gemeinsam auf dem Wasserbad schmelzen. Die abgekühlten Erdnüsse in einem Küchenmixer zu einer feinen Pralinémasse mixen. Dann Salz und die Schokolade dazugeben und 1 Minute weitermixen. Die Erdnuss-Schoko-Creme mit einer Palette auf dem ausgekühlten Mangogelee verteilen und über Nacht offen fest werden lassen.

VIER Am nächsten Tag den Pralinenrahmen lösen, das Erdnusspraliné mit temperierter Schokolade abstreichen und etwa 75 kleine Würfel schneiden. Diese mithilfe einer Pralinengabel mit dem Mangogelee nach oben mit temperierter Vollmilchschokolade überziehen. Ich habe jede Praline mit einem kleinen Stück gemusterter Schokoladenfolie abgedeckt und dieses leicht angedrückt. Das sorgt für Glanz und eine besondere Prägung. Zum Festwerden auf ein Backpapier setzen.

MENGE: *75 Stück*
ZUBEREITUNGSZEIT: *60 Min. + Kühlzeit über Nacht und weitere 2 Std.*
UTENSILIEN: *Pralinenrahmen 20 × 20 cm ✦ Blech oder Tablett ✦ Backblech ✦ Backpapier ✦ Pralinengabel*

Mandelmilchpraline

mit Ahornsirup und Kurkuma

GANACHE 125 ml Mandelmilch ✦ 65 g Sahne ✦ 90 g Ahornsirup ✦ 1 Msp. Kurkumapulver ✦ 30 ml Amaretto ✦ 250 g Mandelschokolade, klein gehackt ✦ 15 g Butter
FORMEN 350 g Vollmilchschokolade, temperiert ✦ optional etwas essbare Goldfarbe

EINS Für die Ganache Mandelmilch, Sahne und Ahornsirup zum Kochen bringen. Von Herd nehmen, dann Kurkumapulver und Amaretto unterrühren. Die Mandelschokolade über dem Wasserbad schmelzen.

ZWEI Die heiße Mandelmilch nach und nach über die geschmolzene Schokolade gießen und mit einem Spatel unterrühren. Zuletzt die Butter unterrühren und alle Zutaten mit einem Pürierstab zu einer cremigen, glänzenden Ganache mixen. Mit Folie abgedeckt im Kühlschrank in circa 30 Minuten auf 28 °C abkühlen lassen, bis sich die Ganache nicht mehr warm anfühlt und eine cremige Konsistenz hat.

DREI In der Zwischenzeit die Pralinenformen dünn mit der temperierten Schokolade ausgießen (→ S. 17). Ich habe die Förmchen zuvor mit etwas essbarer Goldfarbe ausgepinselt. Sie können aber auch erst die ausgeformten Pralinen mit etwas Goldstaub veredeln. Kurz festwerden lassen. Die Ganache in einen Spritzbeutel mit kleiner Lochtülle geben und die Förmchen befüllen. Über Nacht an einem kühlen Ort fest werden lassen.

VIER Die Pralinen am nächsten Tag zum Verschließen von unten mit temperierter Schokolade abstreichen (→ S. 18). Sobald die Schokolade fest ist, aus den Formen lösen und genießen. Gekühlt etwa 4 Wochen haltbar.

MENGE: *75 Stück*
ZUBEREITUNGSZEIT: *75 Min. + Kühlzeit ca. 25 Min. und über Nacht*
MATERIAL: *75 Pralinenformen à jeweils 8–10 ml ✦ Spritzbeutel mit Lochtülle 4 mm Ø*

Schokoladenwissen

Mandelschokolade ist eine besondere Variante der weißen Schokolade. Bei ihrer Herstellung wird kein Milchpulver verwendet, sondern fein gemahlene Mandeln, die mit den anderen Zutaten zusammen conchiert werden. Sie hat eine zarte, hellbraune Farbe und ein cremiges Mandelaroma. Man findet sie in gut sortierten Supermärkten. Ersatzweise können Sie auch jeweils 125 Gramm Mandelnougat und weiße Schokolade für die Praline verwenden.

Bergamottepraline

mit Zitronengras und Earl Grey

GANACHE 240 g Sahne + etwas Reserve ✦ 15 g frische Zitronengrasstangen, angequetscht ✦ 1 Beutel Earl-Grey-Tee ✦ 50 g Blütenhonig ✦ 35 g Bergamottepüree ✦ 215 g Vollmilchschokolade, Kakaogehalt mind. 32 %, klein gehackt ✦ 35 g Butter

FORMEN 350 g Vollmilchschokolade, temperiert ✦ optional etwas grün gefärbte Kakaobutter

EINS Die Sahne mit dem Zitronengras aufkochen, 10 Minuten ziehen lassen, dann den Earl-Grey-Beutel hinzugeben und weitere 4 Minuten ziehen lassen. Sobald sich ein intensives Aroma im Sahnesud entfaltet hat, abseihen.

ZWEI Die aromatisierte Sahne erneut in den Topf geben. Es sollten 200 Gramm sein, ansonsten noch etwas Sahne auffüllen. Honig und Bergamottepüree hinzugeben und nochmals aufkochen.

DREI Die Vollmilchschokolade auf dem Wasserbad schmelzen. Den Sahnesud nach und nach über die Schokolade gießen und mit einem Spatel verrühren. Zuletzt die Butter hinzugeben und die Ganache mit einem Pürierstab zu einer glänzenden, glatten Masse mixen. Die Ganache mit Folie abgedeckt in etwa 30 Minuten auf 29 °C cremig abkühlen lassen.

VIER Inzwischen für die Schokoladenhüllen die Pralinenförmchen dünn mit temperierter Vollmilchschokolade ausgießen. Nach Wunsch zuvor mit grün gefärbter Kakaobutter auspinseln (→ S. 17).

FÜNF Die Ganache mithilfe eines Spritzbeutels in die Pralinenhohlkörper füllen. Über Nacht an einem kühlen Ort fest werden lassen.

SECHS Am folgenden Tag die Böden der Pralinen mit temperierter Vollmilchschokolade abstreichen (→ S. 18). Kurz fest werden lassen, dann aus den Förmchen lösen und genießen. Gekühlt bis zu 2 Wochen haltbar.

MENGE: *65 Stück*
ZUBEREITUNGSZEIT: *45 Min. + ca. 30 Min. Kühlzeit Ganache, Pralinen über Nacht*
UTENSILIEN: *65 Pralinenformen à 8 g ✦ Blech mit Backpapier*

Tipp

Die Bergamotte ist bei uns frisch kaum erhältlich, das Fruchtpüree jedoch gut verfügbar. Mit dem fruchtigen Püree und dem Zitronengras wird diese Praline ganz besonders erfrischend.
Alternativ gelingt das Rezept auch mit einigen Tropfen Bergamotteöl aus der Apotheke. Dann das fehlende Volumen mit 35 Gramm zusätzlicher Sahne auffüllen.

Limetten-Buttermilch-Praline

mit Honig und Koriander

GANACHE 1 EL (10 g) frisches Korianderkraut, fein gehackt ✦ 45 ml Limettensaft ✦ 20 g Honig ✦ Abrieb von 3 unbehandelten Limetten ✦ 80 ml Buttermilch ✦ 325 g weiße Schokolade, klein gehackt ✦ 25 g Kakaobutter ✦ 35 g Butter
ÜBERZUG 350 g weiße Schokolade, temperiert ✦ optional 5 g grün gefärbte Kakaobutter

EINS Einen Pralinenrahmen auf ein Blech mit Backpapier stellen. Koriander mit dem Limettensaft aufkochen, dann vom Herd nehmen und abgedeckt 15 Minuten ziehen lassen. Abseihen, Honig und Limettenabrieb hinzugeben und nochmals aufkochen. Zuletzt die Buttermilch unterrühren.

ZWEI Weiße Schokolade und Kakaobutter gemeinsam auf dem Wasserbad schmelzen. Die Buttermilchmischung über die geschmolzene Schokolade gießen und vorsichtig mit einem Spatel unterrühren, dabei sollten keine Luftbläschen in die Ganache eingearbeitet werden. Zuletzt die Butter hinzugeben und alles mit dem Pürierstab zu einer glänzenden, cremigen Masse mixen.

DREI Die fertige Ganache in den Pralinenrahmen füllen und mit einer Palette glatt streichen. Über Nacht an einem kühlen Ort fest werden lassen.

VIER Am folgenden Tag die Ganache dünn mit temperierter weißer Schokolade abstreichen. Kurz fest werden lassen, dann in kleine Rechtecke schneiden. Die Pralinen umgedreht mithilfe einer Pralinengabel mit Schokolade überziehen, dabei verhindert die Schokoladenschicht auf der Ganache, dass die Praline an der Gabel kleben bleibt. Zum Festwerden auf ein Blech setzen.

FÜNF Für das Dekor optional die restliche Schokolade grün einfärben, in ein kleines Spritztütchen füllen und bogenförmig auf Backpapier spritzen. Kurz fest werden lassen und umgedreht auf die fertigen Pralinen setzen. Gekühlt bis zu 2 Wochen haltbar.

MENGE: *etwa 75 Stück*
ZUBEREITUNGSZEIT: *55 Min. + Kühlzeit über Nacht*
UTENSILIEN: *Pralinenrahmen 20 × 20 cm ✦ Backblech mit Backpapier ✦ Pralinengabel ✦ optional kleines Spritztütchen*

Genießerwissen

Die besondere Würze des Korianders passt wunderbar zur säuerlichen Note von Buttermilch und Limettensaft und wird durch die Süße der weißen Schokolade perfekt aufgefangen.

Rubypraline

mit Himbeeren und Vanille

GANACHE 25 g Sahne ✦ 90 g frische Himbeeren ✦ 25 g Blütenhonig ✦ Mark von 1 Vanilleschote ✦ 230 g weiße Schokolade, klein gehackt ✦ 60 g Butter
FORMEN 300 g Rubyschokolade, temperiert

EINS Für die Ganache Sahne, Himbeeren, Honig und Vanillemark aufkochen. Die weiße Schokolade auf dem Wasserbad schmelzen. Die Himbeersahne in einer Schüssel nach und nach über die geschmolzene Schokolade gießen, dabei vorsichtig mit einem Spatel rühren. Es sollen keine Luftbläschen eingearbeitet werden.

ZWEI Zuletzt die Butter unterrühren und anschließend alle Zutaten mit einem Pürierstab zu einer cremigen, glänzenden Ganache mixen. Mit Folie abgedeckt im Kühlschrank in circa 30 Minuten auf 28 °C abkühlen lassen. Die Konsistenz sollte schön cremig sein.

DREI In der Zwischenzeit die Pralinenformen dünn mit der temperierten Rubyschokolade ausgießen (→ S. 17). Kurz fest werden lassen. Die Ganache in einen Spritzbeutel mit kleiner Lochtülle geben und die Formen randhoch befüllen. Über Nacht offen an einem kühlen Ort fest werden lassen.

VIER Am nächsten Tag zum Verschließen der Pralinen diese mit temperierter Rubyschokolade abstreichen (→ S. 18). Fest werden lassen, aus der Form lösen und genießen. Gekühlt bis zu 2 Wochen haltbar.

MENGE: *50 Stück*
ZUBEREITUNGSZEIT: *75 Min. + 30 Min. Kühlzeit und über Nacht*
UTENSILIEN: *50 Pralinenformen à 10 g ✦ Spritzbeutel mit Lochtülle 4 mm Ø*

Schokoladenwissen

Für diese Praline habe ich eine ganz neue Schokoladensorte ausprobiert: die Rubyschokolade! Sie ist neben weißer, Vollmilch- und Zartbitterschokolade ein neuer Typ, der aus besonderen Kakaofrüchten gewonnen wird und auf natürliche Weise eine rote Farbe erhält.
Sie hat ein fruchtiges Aroma von frischen Beeren. In meinem Rezept unterstreiche ich dies durch einer Himbeer-Schokoladen-Ganache mit leichter Vanillenote. Ab Juni bei Klingelhöfer und in jeder gut sortierten Konditorei erhältlich.

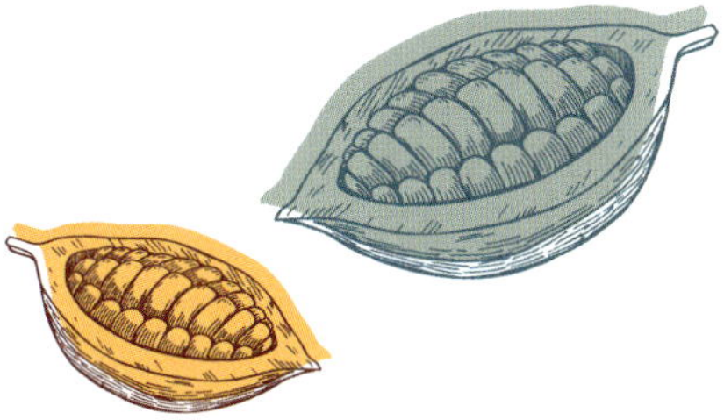

Schokoladen-Karamell-Würfel

mit Pinienkernen

KARAMELL 100 g Pinienkerne ✦ 220 g Karamellschokolade, klein gehackt ✦ 200 g Sahne ✦ 1 Prise Salz ✦ 500 g Zucker ✦ 50 g Butter
DEKO 100 g dunkle Schokolade, temperiert

EINS Die Pinienkerne in einer Pfanne ohne Fett bei mittlerer Hitze goldbraun rösten. Dabei die Pfanne immer wieder schwenken. Anschließend grob hacken. Die Karamellschokolade auf dem Wasserbad schmelzen. Die Sahne zusammen mit dem Salz aufkochen.

ZWEI Währenddessen den Zucker zu Karamell verarbeiten (→ S. 19). Die Pfanne vom Herd nehmen und sofort nach und nach die Sahne unterrühren. Vorsicht! Die Sahne nicht zu schnell zum Karamell geben, da sie sonst leicht überkocht. So lange rühren, bis sich Karamell und Sahne gut miteinander vermischt haben.

DREI Diese Mischung nun zur flüssigen Karamellschokolade gießen und mit einem Spatel gründlich unterrühren. Anschließend kurz mit dem Pürierstab mixen. Zuletzt die Butter und die gerösteten Pinienkerne in den Schokokaramell rühren.

VIER Einen Pralinenrahmen auf ein Blech mit Backpapier stellen und den Schokoladenkaramell einfüllen. Das Blech anschließend leicht klopfen, sodass die Oberfläche schön glatt wird und Luftbläschen entweichen können. Über Nacht an einem kühlen, trockenen Ort fest werden lassen.

FÜNF Den Rahmen entfernen und kleine Würfel schneiden. Nach Geschmack zur Hälfte in temperierte Schokolade tauchen und zum Festwerden auf ein Blech mit Backpapier legen. In einer Dose kühl gelagert sind die Würfel bis zu 4 Wochen haltbar.

MENGE: *etwa 65 Stück*
ZUBEREITUNGSZEIT: *25 Min. + Kühlzeit über Nacht*
UTENSILIEN: *Pralinenrahmen 15 × 15 cm ✦ Blech mit Backpapier*

Tipp

Diese kleinen süßen Sünden sind einfach unwiderstehlich! Ich stelle immer gerne ein kleines Schälchen davon bereit, wenn Freunde zu Besuch kommen. Wenn sie wieder gegangen sind, kann ich mir sicher sein, dass es leer geputzt ist.

Rotweinpraline

mit Cassispüree

GANACHE 120 g Sahne ✦ 80 g Cassis- oder Blaubeerpüree ✦ 40 g Blütenhonig ✦ 110 g Vollmilchschokolade, Kakaogehalt mind. 32 %, klein gehackt ✦ 100 g weiße Schokolade, klein gehackt ✦ 25 ml Rotwein, z. B. Rioja ✦ 25 g Butter

FORMEN 300 g Vollmilchschokolade, klein gehackt ✦ optional violette Kakaobutterfarbe

EINS Für die Ganache Sahne, Cassispüree und Honig aufkochen. Vollmilchschokolade und weiße Schokolade zusammen auf dem Wasserbad schmelzen. Die heiße Sahnemischung nach und nach über die flüssige Schokolade gießen und mit einem Spatel vorsichtig unterrühren, bis eine homogene Mischung entstanden ist. Dabei darauf achten, dass keine Luftbläschen eingearbeitet werden.

ZWEI Zuletzt den Rotwein und die Butter unterrühren und alles mit einem Pürierstab zu einer cremigen, glänzenden Ganache mixen. Mit Folie abdecken und im Kühlschrank in etwa 30 Minuten auf 28 °C cremig abkühlen lassen.

DREI In der Zwischenzeit die Pralinenförmchen dünn mit der temperierten Vollmilchschokolade ausgießen. Ich habe sie vorab mit violetter Kakaobutterfarbe ausgepinselt (→ S. 17). Kurz fest werden lassen. Die Ganache in einen Spritzbeutel mit kleiner Lochtülle geben und die Pralinenhüllen randhoch befüllen. Über Nacht offen an einem kühlen Ort fest werden lassen.

VIER Die Pralinen am nächsten Tag von unten mit temperierter Vollmilchschokolade abstreichen. Sobald sie fest sind, aus der Form lösen und zu einem Glas Rotwein genießen.

MENGE: *60 Stück*
ZUBEREITUNGSZEIT: *75 Min. + Kühlzeit ca. 30 Minuten und über Nacht*
UTENSILIEN: *60 Pralinenformen à 10 g ✦ Spritzbeutel mit Lochtülle 4 mm Ø*

Tipp

Beerenpüree gibt es in gut sortierten Läden zu kaufen. Wer einen Garten hat oder auf dem Markt schöne frische Früchte bekommt, kann 100 Gramm durch ein feines Sieb streichen.

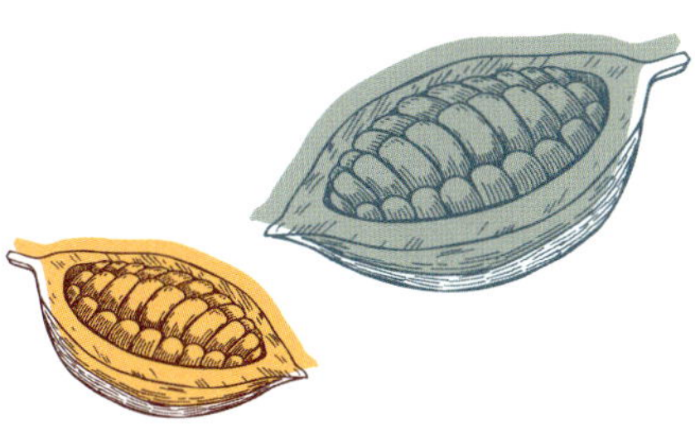

Schokolade und Wein

In der Welt des Foodpairing kann man so einige besondere Kompositionen testen. Die Kombination von Wein und Schokolade ist auch deshalb so beliebt, weil beide Elemente so viele ähnliche Aromen enthalten, die sich gegenseitig intensivieren oder ergänzen.

Richtig verkosten

Bei der Verkostung von Schokolade und Wein sollte man einige Regeln beachten, um die ganzheitlich Aromenvielfalt erfassen zu können. Zuerst sollten beide Komponenten separat verkostet werden, erst ein Stück Schokolade, dann ein Schluck Wein.

Beim Wein gilt ähnliches wie bei der Degustation von Schokolade, zuerst einmal seine Farbe betrachten, dann daran riechen. Nun das Weinglas schwenken, nochmals tief einatmen und dann einen Schluck nehmen. So gelingt es, Aromen, Säuregrad, Körper und Geschmacksintensität des Weines zu erkennen.

Anschließend kann ein weiteres Stück Schokolade in den Mund genommen werden. Dort langsam zergehen lassen, dann einen Schluck Wein hinzugeben und erleben, welche Vielfalt nun im Gaumen entsteht.

Richtig kombinieren

Bei der Wahl von Wein und Schokolade gilt im Allgemeinen, dass ein süßer Wein mit einer süßlichen Schokolade harmoniert. Andersherum sollte ein trockener Wein jedoch nicht mit einer stark säurebetonten Schokolade kombiniert werden. Der Klassiker ist wohl feine Zartbitterschokolade, die gerne mit einem kräftigeren Rotwein kombiniert wird.

Sehr dunkle Zartbitterschokoladen harmonieren jedoch meist besser mit einem Dessertwein, da die Bitternoten der Schokolade adstringierend wirken und durch einen trockenen Wein zu stark betont würden.

Es gilt: nicht zu viele Kombinationen auf einmal testen und Pairings, die Ihnen besonders gut gefallen, am besten gleich notieren, um sie zu einem anderen Zeitpunkt Gästen reichen zu können.

Pairing-Ideen

Folgende Kombinationen genieße ich besonders gerne:

- Weiße Schokolade & feinperliger Crémant
- Karamellschokolade (besonders lecker mit einem Hauch Meersalz) & Pineau de Charentes
- Milde Milchschokolade & fruchtiger Roséwein
- Kakaohaltige Milchschokolade & cremiger Chardonnay
- Ruby-Schokolade & kräftiger Rosé (z. B. Cabernet Sauvignon)
- Feine Zartbitterschokolade & körperreicher Rotwein (z. B. Cabernet Sauvignon/Merlot/Grenache)
- Dunkle Tabakschokolade mit Rauchnoten & kräftig ausgebauter Rotwein wie Rioja
- Bittere oder säurebetonte Zartbitterschokolade & Likörwein (z. B. Merlot)

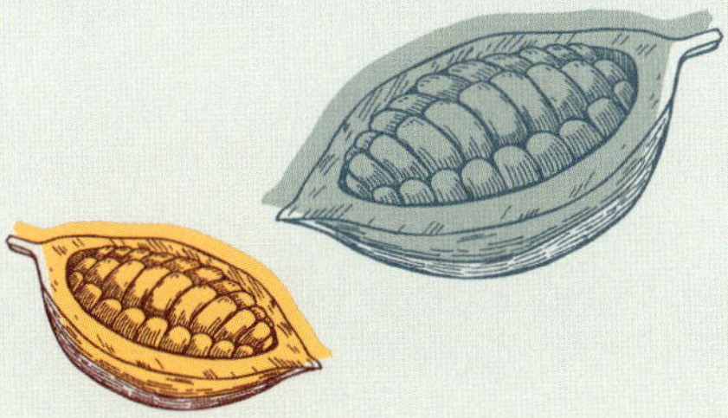

Festtags-schokolade

PLÄTZCHEN, WÜRZIGES GEBÄCK UND WEIHNACHTSTORTEN

Schokoladen-Baumkuchenspitzen

mit Tonka und Kardamom

TEIG 180 g Marzipanrohmasse ✦ 1 Kardamomkapsel, gequetscht ✦ Abrieb von ½ Tonkabohne ✦ Abrieb von 3 unbehandelten Orangen ✦ Saft von 3 Orangen ✦ 225 g Butter ✦ 40 g Waldhonig ✦ 9 Eigelbe (180 g) ✦ 9 Eiweiße (270 g) ✦ 215 g Zucker ✦ 1 Prise Salz ✦ 150 g Weizenmehl Type 550 ✦ 40 g Kakaopulver

ZUM ÜBERZIEHEN 350 g Zartbitterschokolade

EINS Den Backofen auf 220 °C Oberhitze oder Grill vorheizen. Den Backrahmen auf ein Backblech mit Backpapier stellen. Marzipan in eine Schüssel geben und die Gewürze, Orangenabrieb und den Orangensaft unterkneten.

ZWEI Dann Butter und Honig zur Marzipanmasse geben und die Mischung mit dem Handrührgerät cremig aufschlagen. Anschließend nach und nach die Eigelbe dazugeben und kräftig mit aufschlagen.

DREI Das Eiweiß mit Zucker und Salz zu einem cremigen Schnee aufschlagen. Mehl und Kakaopulver mischen und sieben. Die Eigelbmasse unter den Eischnee ziehen und zuletzt vorsichtig Mehl und Kakaopulver unterheben.

VIER Mit einer Palette eine etwa 5 Millimeter dünne Schicht der Baumkuchenmasse in den Rahmen streichen, für 3–4 Minuten auf der mittleren Schiene backen, bis die Oberfläche angetrocknet ist. Dann die nächste Schicht glatt auftragen und erneut backen. Auf diese Weise weitere 10–12 Schichten aufbacken.

FÜNF Den Baumkuchen nun für mindestens 2 Stunden auskühlen lassen, dann den Backrahmen am Rand losschneiden und abnehmen. Gleichmäßige trapezförmige Baumkuchenspitzen schneiden.

SECHS Die Baumkuchenspitzen mithilfe einer Gabel in die temperierte Zartbitterschokolade tauchen. Auf einem Blech mit Backpapier fest werden lassen. In einer Dose aufbewahrt bleiben die Spitzen bis zu 3 Wochen saftig.

MENGE: *80 Stück*
ZUBEREITUNGSZEIT: *40 Min. + 2 Std. Kühlzeit*
BACKEN: *40 Min. bei 220 °C Oberhitze*
UTENSILIEN: *Backrahmen ✦ Blech mit Backpapier 30 × 30 cm*

Tipp

Sollten sich während des Backens feine Blasen an der Teigoberfläche bilden, diese vorsichtig mit einer Messerspitze aufstechen, damit der Kuchen später keine Luftlöcher hat.

Adventsbrot

mit weißer Schokolade und Glühwein

TROCKENFRÜCHTE 70 g getrocknete Feigen, gehackt ✦ 70 g getrocknete Aprikosen, gehackt ✦ 60 g getrocknete Datteln, gehackt ✦ 75 g Walnüsse, klein gehackt ✦ 100 g weiße Schokolade, klein gehackt ✦ 100 ml kalter Glühwein

VORTEIG 115 ml Wasser ✦ 100 ml kalter Glühwein ✦ 22 g frische Hefe ✦ 315 g Weizenmehl Type 550

HAUPTTEIG 20 g frische Hefe ✦ 50 ml lauwarme Milch ✦ 325 g Weizenmehl Type 550 ✦ 35 g Zucker ✦ 10 g Lebkuchengewürz ✦ 1 gestr. TL Salz ✦ 1 Eigelb (20 g) ✦ 1 Ei (50 g) ✦ 325 g Butter

EISTREICHE 2 Eier (100 g) ✦ 10 ml Milch

EINS Für die Früchte am Vortag Trockenfrüchte, Walnüsse und weiße Schokolade mit dem Glühwein vermischen. Über Nacht abgedeckt an einem warmen Ort durchziehen lassen.

ZWEI Ebenfalls am Vortag für den Vorteig Wasser und Glühwein mischen, die Hefe hineinbröseln und auflösen. Zuletzt mit dem Mehl zu einem glatten Teig verarbeiten. Diesen über Nacht abgedeckt im Kühlschrank ruhen lassen.

DREI Am Backtag für den Hauptteig Hefe, Milch, Mehl, Zucker und Lebkuchengewürz zum Vorteig geben und alles gründlich verkneten. Eigelb, Ei und die Butter in Flocken einarbeiten, bis ein glatter, geschmeidiger Teig entstanden ist. Zuletzt die eingeweichten Früchte hinzugeben und behutsam unterkneten.

VIER Den Teig nun in 4 gleich große Portionen teilen, diese rundwirken und in die vorbereiteten Förmchen legen. An einem warmen Ort etwa 60 Minuten abgedeckt gehen lassen, bis die Teiglinge ihr Volumen fast verdoppelt haben. Den Backofen rechtzeitig auf 180 °C Ober-/Unterhitze vorheizen.

FÜNF Die Zutaten für die Eistreiche verquirlen und die Adventsbrote dünn damit abstreichen. Auf der mittleren Schiene etwa 25 Minuten goldbraun backen. Ganz frisch – am besten lauwarm – zum Adventsfrühstück servieren!

MENGE: *4 Brote à 350 g*
ZUBEREITUNGSZEIT: *45 Min. + Teigruhe über Nacht und 60 Min. am Backtag*
BACKEN: *25 Min. bei 180 °C Ober-/Unterhitze*
UTENSILIEN: *4 Bastkörbchen zum Backen ca. 15 × 10 cm oder Kastenförmchen 15 × 10 cm mit Backpapier*

Elisenlebkuchen

mit Walnuss und Ingwer

LEBKUCHENMASSE 4 g Hirschhornsalz ✦ 6 Eiweiße (180 g) ✦ 265 g Zucker ✦ 15 g Blütenhonig ✦ 190 g Marzipanrohmasse ✦ 12 g kandierter Ingwer, fein gehackt ✦ 1 TL frischer Ingwer, gerieben ✦ 1 Msp. Zimt ✦ 50 g Weizenmehl Type 550 ✦ 50 g blanchierte gemahlene Mandeln ✦ 300 g gemahlene Walnüsse ✦ 15 runde Oblaten 8 cm Ø

ÜBERZUG 300 g Vollmilchschokolade, temperiert ✦ 100 g weiße Schokolade, temperiert ✦ 15 schöne Walnusshälften

EINS Hirschhornsalz in 1 Esslöffel kaltem Wasser auflösen. Eiweiß, Zucker und Honig auf dem Wasserbad unter ständigem Rühren auf 40 °C erwärmen. Dann vom Wasserbad nehmen und mit der Küchenmaschine oder dem Handmixer zu einem cremigen Schnee aufschlagen.

ZWEI Marzipan in eine Rührschüssel geben und mit Hirschhornsalz, dem kandierten und frischen Ingwer und dem Zimt vermischen. Anschließend das aufgeschlagene Eiweiß nach und nach unterziehen. Mehl, Mandeln und Walnüsse mischen und unter die Eiweißmischung heben.

DREI Die Elisenmasse nun mithilfe eines Esslöffels oder Eisportionierers auf die 15 Oblaten verteilen. Die Masse dabei kuppelförmig auf den Oblaten aufstreichen. Die Elisen anschließend an einem trockenen, warmen Ort (nicht auf der Heizung!) über Nacht antrocknen lassen.

VIER Am Backtag den Backofen auf 180 °C Ober-/Unterhitze vorheizen, die Elisen auf ein Backblech setzen und 10 Minuten auf der mittleren Schiene backen. Auskühlen lassen.

FÜNF Zum Überziehen die Elisen mithilfe einer Pralinengabel oder Gabel kopfüber in die temperierte Vollmilchschokolade tauchen. Auf ein Backpapier setzen. Nun die temperierte weiße Schokolade mithilfe eines Spritztütchens in feinen Linien über die Elisen laufen lassen. Diese Technik nennt man übrigens Filieren. Auf jeden Lebkuchen mit etwas Schokolade eine Walnusshälfte kleben.

MENGE: *15 Stück*
ZUBEREITUNGSZEIT: *40 Min. + Trockenzeit über Nacht*
BACKEN: *10 Min. bei 180 °C Ober-/Unterhitze*
UTENSILIEN: *Backblech mit Backpapier ✦ optional Pralinengabel ✦ kleines Spritztütchen*

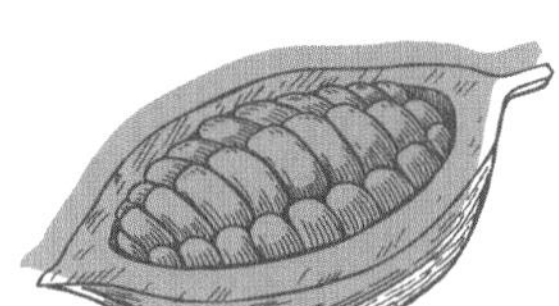

Schokoladenstollen

mit Kirschen, Haselnüssen und Weißwein

STOLLENFRÜCHTE 85 g geröstete Haselnüsse, klein gehackt ✦ 140 g getrocknete Kirschen ✦ 90 g Rosinen ✦ 25 g Zartbitterschokolade, Kakaogehalt mind. 72 %, klein gehackt ✦ Abrieb von 4 unbehandelten Orangen ✦ 15 ml Kirschwasser ✦ 25 ml trockener Weißwein

VORTEIG 20 g frische Hefe ✦ 115 ml lauwarme Milch ✦ 170 g Weizenmehl Type 550

HAUPTTEIG 165 g Weizenmehl Type 550 ✦ 45 g Zucker ✦ 1 Prise Salz ✦ 1 Msp. Zimt ✦ 1 Msp. Nelke ✦ 1 Msp. Kardamom ✦ 1 Eigelb (20 g) ✦ 165 g Butter + etwas für die Form

FERTIGSTELLEN ca. 150 g Butter zum Bestreichen ✦ 30 g Zucker ✦ 10 g Puderzucker

EINS Für die Stollenfrüchte am Vortag alle Zutaten in einer Schüssel vermischen. Abgedeckt über Nacht ungekühlt ziehen lassen.

ZWEI Am Backtag für den Vorteig Hefe in der lauwarmen Milch auflösen und mit dem Mehl zu einem glatten Teig verkneten. Abgedeckt für 30–40 Minuten an einem warmen Ort gehen lassen, bis sich das Volumen verdoppelt hat.

DREI Die Stollenform dünn buttern. Für den Hauptteig Mehl, Zucker, Salz und Gewürze in einer großen Rührschüssel mischen. Eigelb und Vorteig hinzugeben und mit einer Küchenmaschine oder von Hand unterkneten.

VIER Nach einigen Minuten die Butter hinzugeben und den Teig so lange weiterkneten, bis er weich, glatt und geschmeidig ist. Zuletzt die eingeweichten Stollenfrüchte hinzugeben und vorsichtig von Hand unterkneten.

FÜNF Den Teig nun rundwirken, dann länglich formen und in die gefettete Stollenform legen. Alternativ von Hand formen und auf ein Blech mit Backpapier geben. Für 35 Minuten an einem warmen Ort gehen lassen. Den Backofen rechtzeitig auf 170 °C Ober-/Unterhitze vorheizen und den fertig aufgegangenen Stollen für 50 Minuten auf der mittleren Schiene backen.

SECHS Während der Stollen im Ofen ist, die Butter vorsichtig schmelzen. Den Stollen 5 Minuten abkühlen lassen. Dann aus der Form nehmen und noch warm rundum mit der Butter bestreichen und mit Zucker bestreuen. Auf einem Gitter auskühlen lassen.

Zum Servieren fein mit Puderzucker bestäuben.

MENGE: *1 großer Stollen*
ZUBEREITUNGSZEIT: *50 Min. + Ziehzeit über Nacht + ca. 80 Min. Teigruhe*
BACKTEMPERATUR: *50 Min. bei 170 °C Ober-/Unterhitze*
UTENSILIEN: *1 Stollenform für 1000 g Stollen oder Blech mit Backpapier*

Weihnachtsprinten

mit Schokoladenfüllung und feinen Gewürzen

TEIG 425 g Waldhonig ✦ 8 g Hirschhornsalz ✦ 4 g Pottasche ✦ 450 g Weizenmehl Type 550 ✦ 35 g Farinzucker ✦ 35 g Kakaonibs ✦ 15 g Haselnusskrokant ✦ 1 Msp. Zimt ✦ je 1 Prise gemahlene Nelke, Kardamom und Sternanis

TRÄNKE 150 g Orangensaft ✦ 50 g brauner Farinzucker

GANACHE 120 g Sahne ✦ 20 g Waldhonig ✦ Saft und Abrieb von 2 unbehandelten Orangen ✦ Mark von 1 Vanilleschote ✦ 295 g Zartbitterschokolade, Kakaogehalt mind. 70 %, klein gehackt ✦ 25 g Haselnussnougat ✦ 65 g Butter

ÜBERZUG 300 g Zartbitterschokolade, temperiert

EINS Für den Teig den Honig auf 60 °C erwärmen. Hirschhornsalz in 1 Esslöffel kaltem und Pottasche in 1 Esslöffel warmem Wasser auflösen. Mehl, Farinzucker, Kakaonibs, Krokant und Gewürze in einer Schüssel mischen, dann den Honig hinzugeben und alles zu einem glatten Teig verkneten. Zuletzt Hirschhornsalz und Pottasche einarbeiten. Mit Folie abgedeckt 2 Stunden kühlen.

ZWEI Den Backofen auf 175 °C Ober-/Unterhitze vorheizen. Den Teig zwischen 2 Backpapieren 1 Zentimeter dünn ausrollen. Mit einer Gabel Löcher einstechen. Herzen oder andere Formen ausstechen und auf einem Blech mit Backpapier 10–12 Minuten auf der mittleren Schiene backen.

DREI Währenddessen für die Tränke Orangensaft und Farinzucker aufkochen. Die noch heißen Printen dünn damit bestreichen. Abkühlen lassen, nochmals mit der restlichen Tränke bestreichen und über Nacht offen durchziehen lassen.

VIER Noch am Backtag für die Ganache Sahne, Honig, Orangensaft und -abrieb sowie das Vanillemark aufkochen. Die Zartbitterschokolade schmelzen, dann den Haselnussnougat untermischen. Die Schokolade nach und nach mit der Sahne verrühren. Zuletzt die Butter hinzugeben und alles mit einem Pürierstab mixen. Abgedeckt über Nacht bei Raumtemperatur leicht fest werden lassen.

FÜNF Am nächsten Tag die Ganache mithilfe eines Spritzbeutels mit Lochtülle herzförmig auf die Printen dressieren.

SECHS Die Printen mithilfe einer Pralinengabel mit der temperierten Zartbitterschokolade überziehen. Auf einem Blech mit Backpapier fest werden lassen. Kühl in einer Box gelagert sind die Printen bis zu 4 Wochen haltbar.

MENGE: *ca. 45 Stück*
ZUBEREITUNGSZEIT: *90 Min. + 2 Std. Teigruhe und Kühlzeit über Nacht*
BACKEN: *10–12 Min. bei 175 °C Ober-/Unterhitze*
UTENSILIEN: *Backblech mit Backpapier ✦ Herzausstecher oder andere Form ca. 5 cm ✦ Spritzbeutel mit Lochtülle ca. 10 mm Ø ✦ Pralinengabel*

Schokoladen-Zimtsterne

mit Ingwer und Nüssen

ZIMTSTERNTEIG 4 Eiweiße (120 g) ✦ 250 g Zucker ✦ 1 Prise Salz ✦ 220 g gemahlene Haselnüsse ✦ 125 g gemahlene Walnüsse ✦ 40 g dunkles Kakaopulver, stark entölt ✦ ½ TL frischer Ingwer, gerieben ✦ 1 TL Zimt

GLASUR 150 g Puderzucker ✦ 1,5 Eiweiße (45 g) ✦ 1 EL (5 g) Zitronensaft

EINS Eiweiß, Zucker und Salz auf dem Wasserbad unter langsamem Rühren auf 40 °C erwärmen, bis sich der Zucker gelöst hat. Dann vom Wasserbad nehmen und mit der Küchenmaschine oder dem Handmixer zu einem cremigen, weichen Eischnee aufschlagen.

ZWEI Haselnüsse, Walnüsse, Kakaopulver und Gewürze mischen und mit einem Spatel unter die Eiweißmasse ziehen, bis ein glatter Teig entstanden ist. Diesen in Folie einschlagen und für 2 Stunden im Kühlschrank fest werden lassen.

DREI Den Teig nach der Ruhezeit auf einem mit Backpapier belegten Backblech auf etwa 30 × 20 Zentimeter ausrollen.

VIER Für die Glasur Puderzucker und Eiweiß zu einem cremigen Schnee aufschlagen, zuletzt den Zitronensaft unterrühren. Die Glasur auf den ausgerollten Teig streichen. Das Blech für 20 Minuten in den Gefrierschrank stellen. Die Zimtsterne lassen sich so ohne großes Kleben ausstechen und die Glasur verläuft nicht.

FÜNF Den Backofen nun auf 175 °C Ober-/Unterhitze vorheizen. Die Teigplatte aus dem Gefrierschrank nehmen, eng Sterne ausstechen und auf ein Backblech mit Backpapier legen. Für 7 Minuten auf der mittleren Schiene backen, bis die Zimtsterne am Rand fest, in der Mitte aber noch schön weich sind. Die Glasur soll keine Farbe bekommen. Auf einem Gitter auskühlen lassen.

MENGE: *35 Stück*
ZUBEREITUNGSZEIT: *60 Min. + 2 Std. Kühlzeit*
BACKEN: *7 Min. bei 175 °C Ober-/Unterhitze*
UTENSILIEN: *Backblech ✦ Backpapier ✦ Sternausstecher ca. 4 cm Ø*

Tipp

Diese schokoladige Variante des Klassikers mit Ingwer überrascht nicht nur den Gaumen, sondern ist auch durch den schönen Schwarz-Weiß-Kontrast ein Hingucker auf dem Plätzchenteller.
Die Teigreste eignen sich wunderbar als Füllung für einen Schokoladen-Nuss-Stollen.

Schokoladen-Panettone

mit Orange und Schokoladen-Mandel-Glasur

VORTEIG 200 g kaltes Wasser ✦ 6 g frische Hefe ✦ 200 g Weizenmehl Type 550
HAUPTTEIG 80 g Zartbitterschokolade, Kakaogehalt mind. 78 %, klein gehackt ✦ 120 g kandierte Orangenschale, klein gehackt ✦ Mark von 1 Vanilleschote ✦ 600 g Weizenmehl Type 550 ✦ 50 g frische Hefe ✦ 100 ml lauwarmes Wasser ✦ 150 ml lauwarme Milch ✦ 80 g Zucker ✦ 4 Eigelbe (80 g) ✦ 180 g weiche Butter ✦ 1 gestr. TL Salz ✦ etwas neutrales Speiseöl zum Arbeiten
ÜBERZUG 100 g gemahlene blanchierte Mandeln ✦ 200 g Zucker ✦ 10 g Kakaopulver ✦ 1,5 Eiweiße (45 g)

EINS Für den Vorteig am Vortag Wasser und Hefe in einer Schüssel miteinander vermischen, mit dem Mehl zu einem glatten Teig verarbeiten. Abgedeckt für 12 Stunden in den Kühlschrank stellen.

ZWEI Für den Hauptteig Zartbitterschokolade, kandierte Orangen und Vanillemark mischen. Mehl, Hefe, Wasser, Milch und Zucker in eine große Rührschüssel geben, den Vorteig hinzugeben und alles gründlich verkneten.

DREI Dann das Eigelb sorgfältig mit einarbeiten. Anschließend Butter und Salz hinzugeben und den Teig gute 10 Minuten kneten, bis er weich, glatt und geschmeidig ist. Zuletzt die Schokoladen- und Orangestückchen unterkneten. Abdecken und für 30 Minuten bei Raumtemperatur ruhen lassen.

VIER Die Arbeitsfläche mit etwas Öl bestreichen. So klebt der Teig nicht fest und bleibt – anders als bei Mehl – gleichzeitig schön geschmeidig. Den Teig in 4 runde Portionen teilen und in die Panettoneformen legen. Bei Raumtemperatur 2–3 Stunden zur doppelten Größe aufgehen lassen. Bei so fettreichen Teigen dauert der Gärvorgang recht lange.

FÜNF Rechtzeitig alle Zutaten für den Überzug glatt rühren und den Backofen auf 195 °C Ober-/Unterhitze vorheizen. Die aufgegangenen Panettoni dünn mit der Schokoladenglasur bestreichen und auf der mittleren Schiene 35–40 Minuten goldbraun backen. In der Papierform abkühlen lassen. Bleibt luftdicht verpackt bis zu 5 Tage saftig.

MENGE: *4 Stück à 400 g*
ZUBEREITUNGSZEIT: *75 Min. + 12 Std. Vorteigreife, 30 Min. Teigruhe, 2–3 Std. Hauptteigreife*
BACKEN: *35–40 Min. bei 195 °C Ober-/Unterhitze*
UTENSILIEN: *4 Panettone-Formen aus Papier mit 14 cm Ø*

Tipp

Panettone schmeckt so besonders, weil der Teig sehr lange ruht und seine Aromen entfalten kann. Ich verfeinere den italienischen Klassiker mit dunkler Zartbitterschokolade, Vanille und kandierter Orange. Das Rezept kann aber auch mit 1 Prise Zimt, Kardamom, Piment oder Ingwer variiert werden.

Marburger Leckerlis

mit Kakaonibs und Aprikosen

TEIG 350 g Waldhonig ✦ 200 g brauner Zucker ✦ 4 g Pottasche ✦ 8 g Hirschhornsalz ✦ 450 g Weizenmehl Type 550 ✦ 1 Prise Salz ✦ 1 gestr. TL Zimt ✦ 1 gestr. TL Lebkuchengewürz ✦ 25 g Kakaonibs ✦ Abrieb von 2 unbehandelten Orangen ✦ 140 g Pekannüsse, klein gehackt ✦ 150 g getrocknete Aprikosen, klein gehackt ✦ 35 ml Kirschwasser ✦ 50 g Milch zum Bestreichen

GLASUR 200 g Zucker ✦ 60 g Wasser

ÜBERZUG 200 g Zartbitterschokolade, temperiert

EINS Honig und braunen Zucker in einem großen Topf auf 80 °C erwärmen und rühren, bis der Zucker komplett gelöst ist. Pottasche in 1 Esslöffel warmem, Hirschhornsalz in 1 Esslöffel kaltem Wasser auflösen.

ZWEI Mehl, Salz, Gewürze, Kakaonibs, Orangenabrieb, Pekannüsse, Aprikosen und Kirschwasser in eine große Schüssel geben und das warme Honig-Zucker-Gemisch nach und nach unterkneten. Zuletzt die Pottasche und das Hirschhornsalz hinzugeben und den Teig so lange weiterkneten, bis er schön glatt ist. In Frischhaltefolie gewickelt mindestens 60 Minuten auskühlen lassen. Besser noch über Nacht, dann entfalten die Gewürze ihr Aroma optimal.

DREI Den Backofen auf 175 °C Ober-/Unterhitze vorheizen. Den Teig auf einem Blech mit Backpapier zu einem Rechteck von 30 × 35 Zentimetern ausrollen. Mit einer Gabel kleine Löcher in den Teig stechen. Zuletzt die Oberfläche dünn mit Milch bestreichen. Auf der mittleren Schiene 14–16 Minuten backen.

VIER Inzwischen für die Glasur Zucker und Wasser aufkochen und 3 Minuten köcheln lassen. Sobald der Teig aus dem Ofen kommt, dünn mit Zuckerglasur bestreichen und anschließend auskühlen lassen.

FÜNF Den ausgekühlten Teig in etwa 3 × 7 Zentimeter große Rechtecke schneiden. Die Leckerlis schräg zur Hälfte in temperierte Zartbitterschokolade tauchen. Zum Festwerden auf ein Blech mit Backpapier geben.

MENGE: *60 Stück*
ZUBEREITUNGSZEIT: *60 Min. + 1–8 Std. Reifezeit*
BACKEN: *14–16 Min. bei 175 °C Ober-/Unterhitze*
UTENSILIEN: *Backblech mit Backpapier*

Genussgeschichte

Dieses weihnachtliche Gebäck habe ich schon als Kind gerne gegessen, wenn es mein Großvater nach einem traditionsreichen Familienrezept hergestellt hat. Ich habe es für dieses Buch neu interpretiert und mit dem schokoladigen Aroma von gebrochenen Kakaobohnen verfeinert.

Karamellpraline

mit Mandarinen und Kardamom

FÜLLUNG 2 Kardamomkapseln ✦ Abrieb von 3 unbehandelten Mandarinen ✦ 200 g Mandarinensaft ✦ 35 g Tannenhonig ✦ 75 g Zucker ✦ 225 g Vollmilchschokolade, Kakaogehalt mind. 36 %, klein gehackt ✦ 55 g Butter

ÜBERZUG 60 Vollmilch-Pralinenhohlkörper à 10 g (gekauft oder selbst gemacht → S. 17) ✦ 350 g Vollmilchschokolade, temperiert ✦ 100 g weiße Schokolade, temperiert ✦ etwas Goldpuder (lebensmittelecht)

EINS Die Kardamomkapseln andrücken und mit dem Mandarinenabrieb und -saft aufkochen. 10 Minuten abgedeckt ziehen lassen, dann abseihen.

ZWEI Den Tannenhonig in einer Pfanne leicht karamellisieren lassen. Nun ¼ des Zuckers hinzugeben und zu goldgelbem Karamell verarbeiten (→ S. 19). Dabei die Pfanne immer wieder schwenken. Sobald der Zucker flüssig ist, das nächste Viertel hinzugeben und einschmelzen. Auf diese Weise die gesamte Zuckermenge verbrauchen.

DREI Den Karamell vom Herd nehmen und nach und nach den Mandarinensud hinzugeben. Vorsichtig vorgehen, damit der Sud nicht überkocht und sich der Karamell in der Flüssigkeit langsam lösen kann. Sobald eine homogene, zähflüssige Mischung entstanden ist, die Vollmilchschokolade hinzugeben. Zuletzt die Butter unterrühren und die Mischung mit einem Pürierstab mixen.

VIER Die Masse mit Folie abgedeckt in circa 30 Minuten auf 29 °C cremig auskühlen lassen. Mithilfe eines Spritzbeutels mit kleiner Lochtülle die Pralinenhohlkörper damit befüllen. Über Nacht offen an einem kühlen Ort fest werden lassen.

FÜNF Am folgenden Tag die Öffnungen der Pralinen mit einem Tröpfchen Vollmilchschokolade schließen. Anschließend mithilfe einer Pralinengabel mit der Schokolade überziehen, dann zum Igeln auf einem Gitter rollen, sodass kleine Spitzen entstehen. Zum Festwerden auf ein Blech mit Backpapier geben.

SECHS Die temperierte weiße Schokolade in ein kleines Spritztütchen füllen und die Trüffel mit kleinen weißen Punkten ausdekorieren. Zuletzt mit einem Pinsel etwas Goldpuder auftupfen.

MENGE: *60 Stück*
ZUBEREITUNGSZEIT: *50 Min. + Kühlzeit ca. 30 Min. + über Nacht*
UTENSILIEN: *Spritzbeutel mit Lochtülle 4 mm Ø ✦ Pralinengabel ✦ Pralinengitter ✦ Blech mit Backpapier ✦ kleines Spritztütchen*

Tipp

Dieses Rezept kann in der Weihnachtszeit beliebig variiert werden. Besonders köstlich schmeckt es beispielsweise auch mit Orangensaft und fein zerstoßener Koriandersaat.

Bûche de Noël

mit Heumilchschokolade und Sauerkirschen

MANDELBISKUIT 3 Eigelbe (60 g) ✦ 50 g Pralinémasse (→ S. 20, mit Mandeln) ✦ 12 g Zucker ✦ 12 ml kalter Glühwein ✦ 3 Eiweiße (90 g) ✦ 55 g Zucker ✦ 1 Prise Salz ✦ 15 g Butter ✦ 40 g Weizenmehl Type 550 ✦ 65 g gemahlene blanchierte Mandeln ✦ 30 g frische oder gefrorene Johannisbeeren

SCHOKOLADENKERN 55 g Heumilchschokolade oder weiße Schokolade, klein gehackt ✦ 55 ml Milch ✦ 15 g Sahne ✦ Mark von ½ Vanilleschote ✦ 2 Eigelbe (40 g) ✦ 60 g Sahne

MOUSSE 100 g eingeweckte Sauerkirschen (Abtropfgewicht) ✦ 260 ml kalter Glühwein ✦ 200 g Sahne ✦ 10 g Pulvergelatine ✦ 50 ml kaltes Wasser ✦ 40 g brauner Zucker ✦ 1 gestr. TL Zimt ✦ 3 Eigelbe (60 g)

FRUCHTGLAÇAGE → S. 21, einfache Menge + 10 g flüssige rote Lebensmittelfarbe

DEKO frische Beeren ✦ Vanilleschote ✦ getrocknete essbare Blüten und Nüsse nach Geschmack

EINS Für den Mandelbiskuit den Backofen auf 180 °C Ober-/Unterhitze vorheizen. Die Eigelbe mit der Mandelpraliné und 25 Gramm Zucker in einer Schüssel schaumig schlagen, dabei den Glühwein nach und nach hinzugeben. Das Eiweiß mit dem restlichen Zucker und dem Salz zu einem cremigen Schnee aufschlagen.

ZWEI Die Butter in einem kleinen Topf schmelzen. Mehl und Mandeln miteinander vermischen. Die Eigelbmasse unter den Eischnee ziehen, dann die Mehlmischung mit einem Spatel vorsichtig unterheben. Zuletzt die flüssige Butter vorsichtig untermischen.

DREI Einen Backrahmen auf ein Backblech mit Backpapier legen. Die Mandelmasse in den Rahmen füllen und gleichmäßig verstreichen, dann die Johannisbeeren daraufstreuen. Auf der mittleren Schiene 10 Minuten goldbraun backen. Den Biskuit nach dem Backen 15 Minuten auskühlen lassen und die Backränder abschneiden.

VIER Für den Schokoladenkern die gehackte Heumilchschokolade in eine Schüssel geben. Milch, die 15 Gramm Sahne, das Vanillemark und die Eigelbe *zur Rose abziehen* (→ S. 21). Die Mischung durch ein Sieb passieren und über die Heumilchschokolade gießen. Rühren, bis sich die Schokolade gelöst hat und eine glatte Creme entstanden ist.

Genießerwissen

Der *Bûche de Noël* ist ein französischer Klassiker zu Weihnachten. Auf meinen Reisen durch Frankreich habe ich ihn in unzähligen Variationen kennengelernt. Mein Rezept kombiniert weiße Heumilchschokolade mit ihren feinen Vanille- und Marzipanaromen mit dunklen Sauerkirschen und würzigem Glühwein.

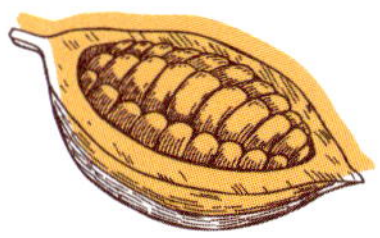

FÜNF Die 60 Gramm Sahne steif schlagen und mit einem Spatel unter die Schokoladenmasse ziehen. Die Mousse in die kleine Silikonform einfüllen und für 4 Stunden in den Gefrierschrank stellen.

SECHS Für die Mousse Sauerkirschen und Glühwein mit dem Pürierstab mixen. Sahne steif schlagen. Gelatine im kalten Wasser einweichen. Kirsch-Glühwein-Mischung, Zucker, Zimt und Eigelbe *zur Rose abziehen* (→ S. 21). Durch ein feines Sieb passieren. Die Gelatine auflösen und mit der Glühweincreme mischen. Zuletzt die aufgeschlagene Sahne unterziehen.

SIEBEN Das Mousse in die größere Silikonform einfüllen. Den gefrorenen Schokoladenkern aus der Form lösen, vorsichtig in die Mousse drücken und die Oberfläche glatt streichen. Zuletzt den Biskuit auf die Mousse legen und leicht andrücken. Die Form über Nacht in den Gefrierschrank stellen.

ACHT Zum Fertigstellen das Grundrezept *Fruchtglaçage* herstellen, rot einfärben und auf 35 °C abkühlen lassen. Die Bûche aus dem Gefrierschrank nehmen, aus der Form lösen, umdrehen und noch gefroren mit der Glaçage überziehen. 2 Stunden zum Auftauen in den Kühlschrank stellen.

NEUN Zum Servieren beispielsweise mit Beeren, Vanilleschote, essbaren Blüten und Nüssen ausdekorieren. Ich habe außerdem seitlich und an den Enden Platten aus dunkler Schokolade angebracht.

MENGE: *1 Buche für 8 Personen*
ZUBEREITUNGSZEIT: *90 Min. + Kühlzeit 4 Std. und 12 Std. + 2 Std. Auftauen vor dem Servieren*
BACKEN: *10 Min. bei 180 °C Ober-/Unterhitze*
UTENSILIEN: *Backrahmen ca. 25 × 10 cm ✦ Backblech und Backpapier ✦ längliche Silikonform ca. 25 × 8 cm (Bûche) und ca. 20 × 3 cm (Kern)*

Schokoladenwissen

Heumilchschokolade ist eine besonders rahmige weiße Schokolade, die aus Schweizer Bergheumilch hergestellt wird und ein sehr intensives Vanillearoma besitzt. Alternativ kann andere hochwertige weiße Schokolade verwendet werden.

Galette des rois

mit Schokolade und Marzipan

BLÄTTERTEIG 500 g Weizenmehl Type 550 ✦ 240 g kaltes Wasser ✦ 1 Eigelb (20 g) ✦ 40 g kalte Butter ✦ 30 ml Milch ✦ 200 g kalte Butter ✦ Mehl zum Arbeiten

FÜLLUNG 30 g Zartbitterschokolade, klein gehackt ✦ 20 g Kakaopulver ✦ 15 g Puddingpulver ✦ 165 g Marzipanrohmasse ✦ 100 g Butter ✦ Abrieb von 1 unbehandelten Orange ✦ 1 Ei (55 g) ✦ 1 Eigelb (20 g)

EISTREICHE 2 Eigelbe (40 g) ✦ 1 TL Milch

EINS Für den Blätterteig Mehl, Wasser, Eigelb, die 40 Gramm Butter und die Milch in eine Rührschüssel zügig zu einem glatten, festen Teig verkneten. In Folie einschlagen und 30 Minuten kühlen.

ZWEI Inzwischen für die Füllung die Zartbitterschokolade auf dem Wasserbad schmelzen. Kakaopulver und Puddingpulver mischen. Marzipan, Butter und Orangenabrieb leicht aufschlagen. Eier und Eigelb verquirlen und nach und nach unter die Buttermasse mixen. Sobald die Masse hell-cremig ist, Die Kakaomischung einarbeiten und zuletzt die flüssige Schokolade einlaufen lassen. Die Masse in einen Spritzbeutel füllen und beiseitelegen.

DREI Zum Fertigstellen des Blätterteigs die 200 Gramm Butter zum Einziehen mit etwas Mehl bestäuben und auf etwa 15 × 15 Zentimeter ausrollen. Den gekühlten Teig ebenfalls etwas mit Mehl bestäuben und auf 15 × 30 Zentimeter ausrollen. Die Butterplatte mittig einlegen und von allen Seiten gleichmäßig mit Teig einschlagen.

VIER Das Teigpaket nun der Länge nach auf 15 × 30 Zentimeter ausrollen, dann optisch dritteln und die Drittel übereinander einschlagen, sodass 3 Lagen Teig übereinanderliegen. Für 15 Minuten kühlen. Diesen Schritt noch 2 Mal wiederholen.

Tipp

Wer den Blätterteig nicht selbst machen möchte, kann fertigen verwenden. Für einen Galette benötigt man 500 Gramm; für dieses Rezept also insgesamt 1 Kilogramm.

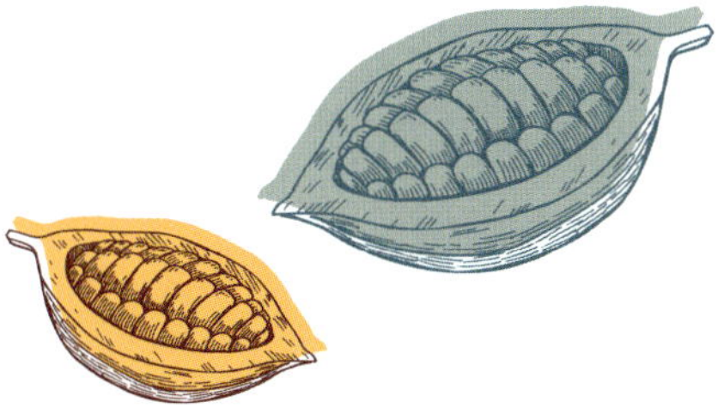

*Wer die Porzellanfigur
in seinem Stück findet,
ist für einen Tag König und
hat einen Wunsch frei.*

FÜNF Den Blätterteig nun auf einer bemehlten Arbeitsfläche auf 40 × 40 Zentimeter ausrollen und vierteln. Auf 2 Viertel gleichmäßig kreisförmig die Füllung aufdressieren, dabei außen 3 Zentimeter Rand lassen *(Bild 1)*. Die kleine Porzellanfigur in die Füllung drücken.

SECHS Die Ränder mit Wasser bestreichen, jeweils ein zweites Viertel darauflegen und gut andrücken *(Bild 2)*. Mit einem Backring 2 Galettes ausstechen *(Bild 3)* und die Ränder mit einer Schere gleichmäßig alle 2 Zentimeter einschneiden *(Bild 4)*. Für 30 Minuten kühlen.

SIEBEN Den Backofen auf 200 °C Ober-/Unterhitze vorheizen. Für die Eistreiche Eigelb und Milch verquirlen. Die gekühlten Galettes auf ein Blech mit Backpapier legen, mit Eistreiche bepinseln und mit einem scharfen Messer ein beliebiges Muster einschneiden. Dabei darauf achten, dass der Blätterteig nur leicht eingeschnitten wird. An 4 Stellen der Galette mit dem Messer tiefe Löcher in den Blätterteig stechen, die bis zu Füllung reichen. Hieraus kann beim Backen der Dampf entweichen.

ACHT Die Galettes auf die mittlere Schiene des Ofens platzieren, die Temperatur auf 180 °C reduzieren und für 35–40 Minuten goldbraun backen. Auf dem Blech abkühlen lassen.

MENGE: *2 Stück mit 20 cm Ø oder 1 Stück mit 28 cm Ø*
ZUBEREITUNGSZEIT: *90 Min. + 60 Min. Kühlzeit*
BACKEN: *35–40 Min. bei 180 °C Ober-/Unterhitze*
UTENSILIEN: *Spritzbeutel mit Lochtülle 10 mm Ø ✦ optional 1–2 kleine Porzellanfiguren ✦ Backring 20 cm Ø ✦ Blech mit Backpapier*

1

2

3

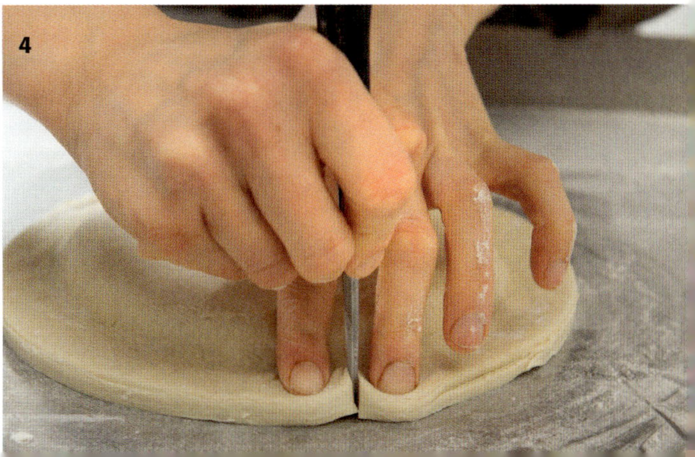
4

Schokoladenküchlein

mit Glühwein und karamellisierten Feigen

KÜCHLEIN 30 g Zartbitterschokolade, klein gehackt ✦ 40 g Pekannüsse, klein gehackt ✦ 220 g Weizenmehl Type 550 ✦ 1 geh. TL (10 g) Backpulver ✦ 40 g Kakaopulver ✦ 170 g Butter ✦ 135 g brauner Zucker ✦ 45 g Waldhonig ✦ je 1 Msp. gemahlenen Zimt, Nelke, Sternanis ✦ Abrieb von 2 unbehandelten Orangen ✦ 3 Eier (150 g) ✦ 170 g kalter Glühwein

FEIGEN 4 frische Feigen ✦ 20 g Gelierzucker 2:1 ✦ 1 Prise Zimt ✦ 100 g Glühwein

EINS Den Backofen auf 180 °C Ober-/Unterhitze vorheizen. Zartbitterschokolade und Pekannüsse in einer Schüssel vermischen. Mehl, Backpulver und Kakaopulver mischen und sieben.

ZWEI Butter, braunen Zucker, Honig, Gewürze und den Orangenabrieb in eine Rührschüssel geben und ganz leicht hell-cremig aufschlagen.

DREI Nun die Eier und die Mehlmischung im Wechsel in die Buttermasse geben. Dabei ist es wichtig, dass immer zuerst etwas Ei vollständig eingerührt wird, ehe wieder Mehl dazukommt, um Klümpchen zu vermeiden. Anschließend den Glühwein und die Nussmischung unterrühren.

VIER Die Weckgläschen gleichmäßig zu ¾ mit Schokoladenmasse füllen. Auf der mittleren Schiene für 12–16 Minuten backen.

FÜNF Währenddessen die Feigen waschen und in feine Spalten schneiden. Den Gelierzucker in einer Pfanne goldbraun karamellisieren (→ S. 19), dann den Zimt hinzugeben und mit Glühwein ablöschen. Sobald sich harte Karamellklümpchen wieder gelöst haben, die Feigen untermischen. Noch warm auf den kalten oder noch lauwarmen Schokoladenküchlein servieren.

MENGE: *6 Stück*
ZUBEREITUNGSZEIT: *45 Min.*
BACKEN: *12–16 Min. bei 180 °C Ober-/Unterhitze*
UTENSILIEN: *6 Weckgläser à 200 ml*

Tipp

Wenn die Weckgläser nur zu ⅔ mit Schokoladenmasse befüllt werden, bäckt diese nicht so hoch. Werden die Küchlein, wenn sie dann aus dem Ofen kommen, sofort mit Deckel und Klammern verschlossen, eignen sie sich wunderbar als Reiseproviant oder Geschenk und bleiben bis zu 2 Wochen frisch und saftig.

Alle Rezepte auf einen Blick

Adressen für Schokoladen, Formen, Zubehör und Geschirr

Klingelhöfer:
Besondere Schokoladensorten und Pralinen aus der Welt der Aromen. –
www.annette-klingelhoefer.de

Cardin Deko:
Alles für den Patisseriebedarf: Back- und Pralinenformen, Dekorfolien, Kuvertüren, Kakakobutter, Speisefarben und vieles mehr. –
www.cardin-deko.de

Pati-Versand:
Alles für den Patisseriebedarf: Back- und Pralinenformen, Dekorfolien, Kuvertüren, Kakakobutter, Speisefarben und vieles mehr. –
www.pati-versand.de

Cosy & trendy:
Hersteller von modernem und farbenfrohem Geschirr, das super zu Schokolade passt. –
www.cosy-trendy.eu

Theobroma Cacao:
Schokoladen, Hohlkörper, Zutaten, Patisseriezubehör. –
www.theobroma-cacao.de

Folgenden Sponsoren möchte ich für die Unterstützung danken:

Callebaut:
Ausgezeichneter belgischer Schokoladenhersteller mit großem Sortiment, Erfinder der Rubyschokolade und Unterstützer einiger meiner schokoladigen Projekte –
www.callebaut.com

Lubeca:
Feinstes Lübecker Marzipan, Nougatmassen, Schokoladenkuvertüren sowie Haselnuss- und Mandelmassen dürfen nicht nur zur Weihnachtszeit in keiner Küche fehlen. –
www.lubeca-marzipan.de

Confis-Express:
Das Beste für Patisserie und Confiserie. Lieferant von besonderen Zutaten und Zubehör für meine Kreationen. –
www.confis-express.de

Artist chocolate:
Kreateur einiger meiner individuellen Schokoladensorten –
www.artistchocolate.com

IBC:
Dekorfolien für Schokolade, die individuell angefertigt werden. –
www.ibcbelgium.com/nl/

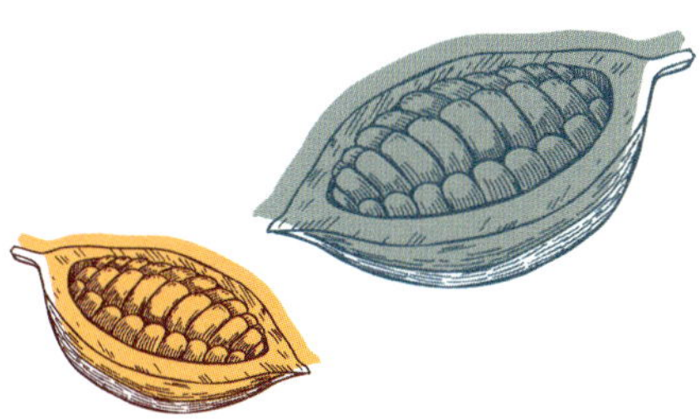

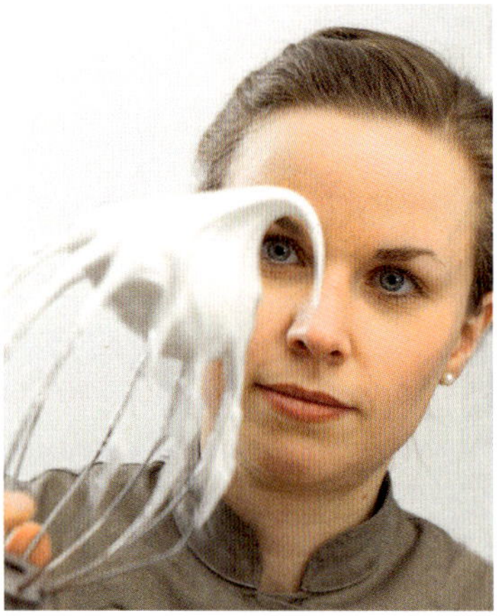

Über die Autorin

Annette Klingelhöfer ist Konditormeisterin und Schokoladen-Sommelière. Im Jahr 2015 belegte sie mit ihrem Team den 1. Platz bei der ZDF Sendung *Deutschlands bester Weihnachtsbäcker*. Im Hessischen Fernsehen backt sie in der Sendung *Hallo Hessen*.
In Marburg, der Universitätsstadt mit Deutschlands erster protestantischer Universität, führt sie gemeinsam mit ihren Eltern die seit 1887 bestehende *Konditorei Klingelhöfer* mit zwei Caféhäusern. Mit Unterstützung von 10 Konditoren zaubert sie täglich köstliche Torten- und Törtchen-Kreationen für ihre Kunden.
Mehr unter: www.konditorei-klingelhoefer.de

Danksagung

Es ist geschafft – ich freue mich, nach der intensiven Arbeit nun endlich mein erstes Schokoladenbuch veröffentlichen zu können! Nun ist es an der Zeit, DANKE zu sagen an all die Menschen, die mich dabei sehr unterstützt haben.

Danke zu Beginn an den BLV Buchverlag für das Initialisieren und die Umsetzung dieses besonderen Projektes und dafür, dass ich mich so kreativ ausleben konnte. Danke an Dorothee Gödert, die mit ihrem fotografischen Geschick und ihrem meisterhaften Blick all meine Rezepte so toll in Szene gesetzt hat.

Danke an meine Familie, an vier Genrationen Klingelhöfer, die in mir die Begeisterung und die Leidenschaft für das süße Handwerk geweckt haben. Danke an meine Eltern, die mir die Freiräume geschaffen haben, ein solches Projekt umzusetzen, und danke an meine Schwester, die mich bei der Gestaltung so tatkräftig unterstützt hat. Danke an Mathieu, dafür dass wir diese besondere Leidenschaft miteinander teilen und leben.

Danke an meine Mitarbeiter, die jeden Tag dafür sorgen, dass unsere Gäste mit solch süßen Leckereien verwöhnt werden, wie Sie sie hier im Buch finden. Und zuletzt danke an meine Freunde, die nicht nur gerne als Verkoster meiner süßen Kreationen herhalten, sondern auch immer mal wieder auf mich verzichten müssen, wenn ich gerade im nächsten schokoladigen Projekt stecke.

Über die Fotografin

Dorothee Gödert ist Foodfotografin mit Gaumen, Leib und Seele. In ihrem bestens ausgestatteten Studio in Frankfurt am Main fotografiert und kocht sie seit 1998.
Nach Beendigung der Fotografenausbildung assistierte sie in unterschiedlichen Bereichen der Fotografie. Bevor sie sich selbstständig machte, arbeitete sie mehrere Jahre mit dem Foodfotografen Christian Teubner zusammen.
Zu ihren Auftraggebern gehören renommierte Verlage, Werbeagenturen und Direktkunden.
Mehr unter: www.d-goedert.com

Impressum

Bibliografische Information der Deutschen Nationalbibliothek
Die Deutsche Nationalbibliothek verzeichnet diese Publikation in der Deutschen Nationalbibliografie; detaillierte bibliografische Daten sind im Internet über http://dnb.d-nb.de abrufbar.

BLV Buchverlag GmbH & Co. KG
80636 München

www.facebook.com/blvVerlag

Bildnachweis:
Alle Fotos von Dorothee Gödert, außer
S. 8, 10, 11: Archiv Barry Callebaut
S. 9: Annette Klingelhöfer
S. 159: Katrin Denkewitz

Illustrationen: Epine – fotolia.com; Volodymyr Vechirnii – fotolia.com

Umschlagkonzeption und Gestaltung: BLV-Verlag
Umschlagfotos: David Maurer (www.davidmaurer.com)

Lektorat: Sonja Forster
Herstellung: Angelika Tröger
Layoutkonzept Innenteil und Layout/DTP: griesbeckdesign, Dorothee Griesbeck, München

Gedruckt auf chlorfrei gebleichtem Papier

Printed in Germany
ISBN 978-3-8354-1860-8

Hinweis
Das vorliegende Buch wurde sorgfältig erarbeitet. Dennoch erfolgen alle Angaben ohne Gewähr. Weder Autorin noch Verlag können für eventuelle Nachteile oder Schäden, die aus den im Buch vorgestellten Informationen resultieren, eine Haftung übernehmen.

#sommelièreduchocolat
ANNETTE KLINGELHÖF
Erleben Sie die Aromen der Welt
auf eine neue Art und Weise.
Entdecken Sie die Welt der ersten Sommelière du Chocolat: www.annette-klingelhoefer.d